仮説社会の欧米、枠社会の日本

墨崎正人
SUMISAKI MASATO

幻冬舎MC

仮説社会の欧米、枠社会の日本

はじめに

日本には「十人十色」という諺があります。諺の意味は、人の顔がそれぞれ違うように人の考え方や生き方に違いがある事を言っていますが、同時に色々ある人の生き方に干渉する事を諫める内容にもなっています。

人の生き方は千差万別ありますが、一方で私たちは皆と共同、協力し合って生きています。それ故諺が人との違いをアレ、コレと干渉する事を諫める内容になっている事に道理があり、諺が日本人の生きる糧になっている事を物語っています。

一方欧米は多様性があり、個人を尊重する社会である事からその分十人十色的な類の諺が、多くあると思い探してみました。ところが意外な事に欧米では人の生き方を諭す故事や諺のような類のものが少ない社会となっています。

日本で諺が多く、欧米で逆に諺に類するものが少ない現象を追い求めてみると、日本には人の生き方を導いたり規定する宗教的なものが存在せず、逆に欧米は創造主、そして唯一絶対神の神を信仰する社会である事に突き当たります。

国や民族にはそれぞれ地域毎に地政学条件が作用しており、これを受けそれぞれの国には固有の歴史があり、文化が存在しています。

歴史はその国で古くから続いている事から難しい感じがありますが、資料等で残す事が出来る事から、時代を経ても私たちは昔の歴史を理解し、学ぶ事が可能になります。

一方文化は、歴史に比べると人々のいまの生活に入り込んでいる事から、身近な存在になります。だが、文化は歴史や宗教、そして人の考えや生活等の諸々のものが入り込んでいる事から、身近な割に多様性があり、一口で説明するのが難しい処があります。

私たち日本人は、多様性がある文化の中で生きており、人は楽しみ、悩み乍らこの世を生きています。これを受け、諺が私たちの生きる糧になっており、日本に多くの諺が存在する事に繋がっています。

いまの世界の状況を述べてみますと宗教はユダヤ教とキリスト教、そしてイスラム数の三大宗教が存在しており、一方で世界は、190カ国以上の国々が存在し、多様性のある国々のオンパレードみたいな処があります。

三大宗教と多様化する世界、そしてグローバル社会。三つが上手く折り合い作動すれば世界は無難な社会になります。三つが上手く作動しないと世界が混乱する基になりますが、いまの世界は後者の混乱する世界となっています。

混迷する世界での下日本の立ち位置は、昔から付き合いがあり、いま軍事・人口大国になっている中国と海を隔てて存在する隣国です。一方で日本は、歴史や文化が異なるものの経済、軍事大国のアメリカと海を隔て、同盟関係を結んでいます。

そのアメリカと中国は、アメリカが資本主義、中国は社会主義体制となっていて政治、経済体制が異なっており、ギクシャクした関係になっています。

アメリカと中国の対立、多様化する世界、そして宗教が絡まるグローバルな世界。最近はロシアのウクライナ侵攻等も加わり、不穏な世情情勢になっています。

この様な混乱した状況下、国連が機能マヒに陥っており、世界で第3次世界大戦が起こってもおかしくない危険性さえあります。

だが、私たちは核のある世界での世界大戦だけは、是非避けなければいけない命題になります。私は混迷するいまの世界は、過去の米ソが対立した冷戦でなく、「新しい冷戦の時代」に入っていると、見立てています。

最近の不穏な世界状況を受け、本書のタイトルを「仮説社会の欧米、枠社会の日本」とし、カリスマの有無を通して日本と世界、特に日本と欧米のギャップを追い、日本が持つ特性を活かして、これから日本が進むべく方向と日本人の幸福論をしたためてみました。

私は日常の会話でも色々なケースで人と話をしていますが、私の話は「意外性があるが、成程もある」とよく言われます。だが、話に意外性があっても、結論が成程となっていれば、私の主張は道理がある事になります。

本書の最後の第5章では私の体験と特性を絡めて話していますが、人の生き方は十人十色あるものです。人は色々な生き方をして生きていますが、私は色々ある人の生き方の中にその人の特性があると見立て、人が自分の特性を掴んで生きる大切さを話しています。

身近にある自分の特性ですが、一方で特性は内性的な処がある事から掴んだり理解する事が難しい処があります。身近にある特性、一方で掴むのが難しい特性。私の話がやはり難しく意外性のある話になる事を承知します。

だが、意外性があっても道理のある考えは妥当性のある生き方となります。妥当性のある生き方は長い目で見るとその人の安心の基になり、生きるパワーになるものです。

意外性のある私の主張となりますが、道理もあります。本書を読まれた方が自分の生きるヒントになると思って下さればこれ以上の私の喜びはありません。お付き合い下さる事を祈念します。

目次

第2章

カリスマが欠かせない欧米社会　41

第3章

カリスマが誕生しない日本社会　65

第4章

グローバル社会での日本と世界のギャップ　89

第5章

特性を掴んで豊かな人生を　121

第1章

テレビに映る日本の風景と周辺国の文化と特徴

日本社会はコロナの影響が薄れてきましたが、私たちはコロナ禍の最中諸々の面で影響を受けた生活をしていました。コロナが起こる前迄は、会社で仕事をするのが普通でしたが、コロナ禍で事態が一変し、自宅でのテレワーク等への仕事となった人が多くいたと思います。

私は仕事の合間、気晴らしにテレビを見たり、携帯を見たりの生活をしていましたが、その時自宅で見るテレビが従来放映されていた内容と大分様変りしている事に、気付いていました。

テレビを管轄する当局の自粛要請があったのか、否かは分かりませんが、旅行番組が少なくなり、中でも外国への旅行番組がさっぱり見られなくなっていました。旅行番組の異変だけではありません。新規ドラマも少なく、代わりに再放映されたドラマが多くなっていました。

再放映されている中でも「家族ドラマ」がよく放映されていました。だが、家族ドラマはいつも同じ場所で同じ事を繰り返す内容になります。家族ドラマをよく放映するテレビ局、それをいつも飽きもせずにチャンネルを合わせて見入る視聴者。このマンネリ化した変化のない光景に、私は不思議な感覚を覚えていました。

日本のテレビ局が何故コロナの最中に家族ドラマをよく放映するかを考えてみると、家族ドラマには日本の文化が映っています。文化はその国、地域の人たちの心の拠り処となり、人の心を安心させる処があり、私たちは家族ドラマを見て安心し「幸福感」を味わっていた事にもなります。

本章の前半は、コロナ禍の時よく放映されていた動物の生態ドキュメントから人間の特性について論じ、同じ事を繰り返す家族ドラマから日本人の幸福観を話してみたいと思います。

そして後半は、日本の近隣に存在する中国、韓国そしてロシアの3国に焦点を当て、これらの国々の人たちの生き方と文化、特徴について話してみたいと思います。

テレビに映る動物から人間の特性を見る

私はコロナ禍の最中テレワークで仕事をしていた合間、テレビに映っている動物のドキュメンタリー番組をよく見ていました。その中で成長したオスとメスが独自の行動を取る様を面白く見ていました。

動物は基本的に群れを組み集団化して生きています。だが、オスとメスは、一定の時期に達すると集団から脱し、独自の行動を取るようになります。その時に映るオスは、メスの前で急に肩を怒らせ、身振り手振りを大きくしたりし、中には奇声を発するオスもいました。

一方、メスはオスの行動を素知らぬ顔をし、中にはあらぬ方向を向いたポーズをするメスもいます。だが、あらぬ方向を見ていたメスですが、一方でオスの行動をよく観察していて、伴侶となるべくオスを選んでいるのが分かります。オスの奇妙な叫びと行動、メスの素知らぬ顔。このオスとメスの一連の光景は、子孫の継続に繋がっており、それなりに合理的な行為になっているのが分かります。

成長したオスとメスの分離行動も一時期が過ぎれば、大部分は、また元の集団化生活に戻ります。

だが、動物の中でも他の動物を餌にして生きる強い野生動物は、集団化では思うように餌に有りつけないようになります。これを受け野生動物は、基本的に集団でなく、オスとメス、或いは家族単位での生活を行っています。

人間も動物ですが、人間は生態的に弱い動物の部類に入ります。弱い人間ですが、成長した若者は、親許から分離独立する前に学び、考えて自己の完成を目指す努力をします。そして結婚すれば、大部分の男女は親許に戻る事もなく、新しく自分たちの生活をスタートさせます。

動物は、本能で生きています。一般的にオスとメスは、本能に基づき一時期集団から離れた行動を取りますが、子供を得た後は、多くの動物は元の群れに戻り、集団化して生きます。

人間は弱い範疇の動物ですが、成長して結婚した男女は、親許に戻ったり、集団化して生きる事も余りありません。考え乍ら自分に相応しい生き方や家族単位で生きます。

この人間の一連の行動は、人間が本能だけでは飽き足りない人生になる事を物語っています。「考え乍ら生きる」ここに人間の人間たる由縁があり、人間の「特性」があります。

家族ドラマには日本人の幸福が映っている

コロナ禍で過ごした私たちは、外出を控え自宅でテレビや携帯を見乍らの生活を強いられていました。私はその中で動物の生態が映し出されたドキュメンタリーを興味を持って見ていましたが、一方で家族ドラマがよく再放映されている事にも、気付いていました。

家族ドラマはいつも同じタレントが出演し、同じ場面や身近な話題をネタにドタバタを繰り返す内容になっている事から、私はマンネリを感じ、家族ドラマを見たいという気持ちが湧いてきませんでした。

コロナの渦中、一般的に日本のテレビは旅行番組、特に海外の旅行番組が少なくなっていましたが、私の友人のイギリス人は、日本でテレビ放映されている内容を見て「日本のテレビは天気予報と食べ物や歌手が唄う歌謡曲、そして家族ドラマが多い」と言っていました。

友人はイギリスも天気予報を放映しているが「イギリスの気象情報は数が少なく、少ない中でも異常気象や環境汚染の話題を絡めて放映している」と話しています。

友人が言っている話を受け、私は日本のテレビを注意して見ていると、確かに天気予報と食べものや歌手の唄、そして家族ドラマがよく放映されている事に気付きます。

私たちは日常生活で挨拶代わりに「今日は寒い、暑い」「天気が良い、悪い」等の会話をよくします。だが、話はそれで終わり、日常の会話をするようになります。確かに私たちは、二酸化炭素や環境汚染の話をする事が余りありません。

私たちが同じ内容を繰り返すテレビを見飽きもせず見続ける光景、私はここに「日本の文化」が存在していると、見立てています。

文化の意味を辞典で問い質してみると、文化は「皆が生きるため無意識に従う習慣だ」と記されています。私たちが通り一遍の番組を見飽きもせず見ている光景は、日本人が文化を見て「安心」し、自分たちの「幸福」を実感している事に、外ならないと思います。

だが、皆が安心して無意識に従う文化は、その分「異文化」で生きる外国人は、距離を置き、違和感を持つようになるようです。友人の「日本のテレビが同じものを放映する傾向が強い」との指摘は、異文化に生きる外国人からの「日本人への素直な気持ち」を言っている事になります。

文化は皆が安心して無意識に従う処があります。だが、異文化で生きる外国人から見るとそうともゆかず、中でも近隣の国々から見ると、隣国の文化は煩わしく感じ、反って厄介な代物へとなる処があります。

次稿では、日本の近隣に存在する国々の文化と特徴に目を向けて話をしてみたいと思います。

中国人の生き方はいつも中華となる

前稿で日本の家族ドラマに日本の文化が映っており、私たちは家族ドラマを見て安心し、幸福を味わっている旨の話をしました。本稿では視点を周辺国に向けてそれぞれの国の文化と特徴について話してみたいと思います。

先ず日本の近隣に存在し、昔から日本が諸々の影響を受けた大国・中国人の生き方について話してみたいと思います。

日本は中国と古い歴史的な繋がりがありました。いまから2000年以上もの前、日本が狩猟、採取を行っていた縄文時代の末期、祖国から追われた中国人が稲作技術を持って九州北部に渡航しています。日本はその渡航人から稲作技術を習得して弥生時代に入り、稲作が始まっています。

2000年以上の前から中国が稲作技術を持っていたという事は、中国がヨーロッパに劣らず歴史のある国だという事が分かります。

その中国のいまの経済は、2011年に日本を抜いてGDP世界2位の経済大国になっており、且つ世界最大の人口大国です。中国は2048年迄にアメリカと肩を並べる大国になると「公言」していますが、否中国指導部は、「30年代でアメリカを抜き、中国が世界一の強国になる」と、自負するようになっています。人民もテレビに笑みを浮かべる習主席の自信満々の振る舞いを見て自国がアメリカを抜き、世界一の強国になると思い込んでいるフシがあります。否中国人だけでなく周辺国の人たちも、いずれ中国が世界一の強国になる可能性があると思っている人たちも多いと思います。

だが、欧米や世界の多くの国の人たちは「どうかな?」「出来るかな?」と半信半疑で中国の力に疑問を持って見ているのも事実です。

中国人は昔から自らを「中華」と称しており、いまの国の名称も「中華人民共和国」としています。中国人が自分たちを中華と自称する事は、文字通り自国が世界の中心であり、華であるとする自覚、自信が込められています。

中国人が自国を「中華」と自称するのは歴史があり、遠く漢の時代からだと言われています。漢の時代の中国人は周囲の民族を東夷、西戎、南蛮、そして北狄と蔑んで呼び、中国が世界の中央に位置する文明大国であるという意識を持っていました。（参考迄に説明しますと日本は東夷に属し、韓国より更に東にある劣った下位の国となります。）

中華思想は昔から中国が世界の華であり、世界の中心だとする考えです。自国を「中華」と自称して華、スターであるかのように思い込み、それを国名に迄する中国人。この独善さに中国人の特徴があり、同時に中国の危うさを内包しています。

中華思想と儒学政治は矛盾する

いまロシアがウクライナへ侵攻しています。侵攻するロシアの言い分は、「ロシアとウクライナは元々同一民族であり、統治していたウクライナの領土はロシア国土だ」とする理屈になっています。

一方ウクライナの主張は「ウクライナはロシアと国境を隔てた隣国同士だが、

ロシアとは元々異人種であり、無法なロシアから侵略は適わぬもの」とのっけから違う主張になっています。

ロシアとウクライナの関係を人間の夫婦間に例えて話をしてみますと、夫婦は最初は相見互い、結婚して同居します。だが、時期が過ぎると上手くゆかなくなって別居するようになれば、相手は元の姓名（国名）を名乗り、生活（政治）をするようになります。

相手が独り善がりの主張をしても、宇宙天体の自然科学における「引力の法則」が作用するように二人は元に戻る事が適わぬようになります。

ロシアとウクライナの関係は、歴史が絡む事から真相が分かり難い処がありますが、ロシアの行為は、ヨーロッパ各国から見ると引力の法則が働きロシアの侵略となり、非難の的になっています。

これと同じ事が中国と台湾の関係に見られます。中国の習近平主席は、台湾の統一を当たり前のように、それも厚顔な表情で公言しています。一方、中国と政治、経済体制の異なる台湾は、自国の自主独立を主張しています。

中国が武力で台湾統合を強行すれば、中国はいまのロシアと同じように諸外国から四面楚歌に陥り、世界の非難の的になり、アメリカからも強い反発が予測されます。

中国人は昔から自国を中華と自称し生き抜いてきています。一方で中国の指導者は、中華思想にプラスして、儒学政治で国内統治を行っています。儒学政治の要諦は「仁が伴う博愛の政治理念」だと言われています。

だが現況の指導部の政治は、仁に基づく博愛政治というよりもネットで人民を監視し、人民を統治する政治を行っている処があります。中国経済が上手く作動している時は儒教政治に基づく統治は、上手くゆくと思います。

経済はいつも順調にいくという保証はありません。経済が上手く作動しなくなれば、人民が持つ中華思想に火が付き、儒学政治での統治は難しくなり中国社会が混乱に陥る事は容易に想像出来ます。

隣国にある海洋国・日本は、軍事・人口大国の中国と上手く付き合う必要がありますが、独善的な中華思想に敏感に反応する事なく、一定の距離を置いて中国と付き合う必要があると思います。

辺境の国・韓国　その❶

前稿では時代が変わっても相も変わらず自国中心の生き方を主張する中華の国・中国の危うい生き方について話をしましたが、本稿では中国の隣国に存在する朝鮮半島の韓国について話をしてみたいと思います。

中国は昔から自らを世界の中心国だと位置づけて周辺に睨みを利かせていました。その隣国に存在するのが朝鮮半島の韓国です。韓国の立場を地政学条件を絡めて説明すると、韓国は厄介な大国・中国に北朝鮮と共に隣国に位置にする「辺境の国」となります。

韓国が存在する朝鮮半島の歴史を大雑把に紐解いてみますと、朝鮮は4世紀の初め頃迄中国の直轄地だったとされています。四世紀の半ばになり、中国の支配から脱した朝鮮民族は、北は高句麗、南は百済と新羅と「3つの地域」に分かれて存在していました。

朝鮮半島における3地域の基本的な生き方の構図は、中国の陸続きにある高句麗は、中国に苛まれ乍らも中国の力を応用して生きていました。一方高句麗の南に存在する百済と新羅の二つは、互いに組んだり解れたりの関係を繰り返し乍ら北の高句麗に対抗して生きていました。

現在の朝鮮半島は、3つの地域でなく北朝鮮と韓国の2国で成り立っています。分断は3地域から2国間に変わっていますが、韓国の政治勢力は与党と野党がいつも競い合っている事から、朝鮮半島は相も変わらず、北朝鮮（高句麗）と与党と野党が拮抗する韓国の3地域からなる構図となっています。

同一民族乍ら昔から3地域に分かれ、分断と抗争を繰り返すお国柄。日本人の私たちからみれば不思議な国に映りますが、ここに朝鮮半島が中国に隣接し、且つ中国から抜け出せない厄介な辺境国の特徴があります。

だが、大国である筈の中国・中華の実情は、紀元前の221年の漢の時代に周辺国から滅ぼされています。漢の後の宋、遼も繰り返し他国から侵略されていきます。中国は昔から大国・中国のイメージがありましたが、同時に中国は形だけの大国である面も併せ持っていました。

その隣国にあって、中国を気にし、いつも右往左往する周辺国の朝鮮民族。これは、朝鮮半島の地政学条件から生じています。現在も朝鮮半島が3極からなる辺境の風景の構図に、改めて驚かされもします。

中国を背に行動せざるを得ない北朝鮮は、核実験を行いミサイル発射を繰り返し、自国が軍事「大国」である事を演出しています。

一方韓国は与、野党の政治勢力がいつも拮抗している事から政治や外交が揺れ続けており、日本はその煽りをよく受けています。

揺れる韓国、それとは別にいまの韓国は、過去にない新しい韓国像が浮かび上がっています。最近の韓国人の新しい姿を紹介し、日本人が今後採るべく見方を話してみたいと思います。

辺境の国・韓国　その❷

朝鮮半島の南の国・韓国は、現在アメリカと米韓同盟を結び、日本とも友好関係にあり、一方で中国、北朝鮮と対峙する立場を採っています。現在の韓国政府は、独立国として一応自主外交の政治を行っています。

だが、日本とは過去に外交決着した歴史問題を蒸し返したり、反古にしたりの蒸し返し外交を行っています。韓国は徴用工問題で日本と外交交渉で一度決着をつけた筈です。だが、韓国政府は政権が変わると前政権の約束を反古にしたり、賠償金の上乗せを要求したりもします。

変化するのは外交だけではありません。内政でもよく変わる政治を行っています。韓国は5年に一度の大統領選挙を実施していますが、選挙で新政権が誕生すれば、必ずと言っていい程前政権の大統領や有力者を起訴し、そしてほとんどの人が有罪になっています。

約束した外交を反古にし、選挙で政権が代われば、前政権の大統領等の起訴を繰り返す韓国。日本人から見れば異常な振る舞いに見えますが、当の韓国人はそうでもなく、自分たちや自国に不利なものは、過去に約束したものでも「いま」の視点で見直すのが当たり前とする考えがあります。

日本人も、「いま、ここの精神」で行動する処があります。日本の米作りは、四季の変化に応じて農作業を行う必要から、忙しい春の種付けや秋の収穫時は皆が協力をし合い、人々の間に和の精神、絆社会が育まれる必然性がありました。天候に左右される農作業は一方で、人々を「いま、ここの精神」にさせるものです。

クルクル変わる韓国の政治と日本の「いま、ここの精神」は同じように戦略性のない生き方に見えます。同じように見える側面がありますが、日本と韓国は、地政学条件が違う事から、韓国人と日本人の発想は別物になっています。

韓国のくるくる変わる政治姿勢は、昔から中国に翻弄され、揺れ続けた過去の遺産、延長みたいな処があります。一方日本の「いま、ここの精神」は、米作りに励み、皆と協力、共同する枠文化と海洋国・日本の地政学条件が合体した結果生じたものです。

だが、過去に囚われ、翻弄され続けた韓国人の生き方が最近になってプラスに転じている面があります。私たちは最近のテレビや映画で韓国のタレントが「格好良く」振る舞っている韓国ドラマを見る事があります。

韓国人のテレビでの格好良い振る舞いは、最近の音楽や動画のコンテンツ産業とも一体となって多くの人々を魅了していますが、これからの韓国パワーの源になる可能性があります。

否韓国人の格好良い振る舞いは芸能だけではありません。韓国は世界統一家族連合（旧統一教会）でも格好良く振る舞い、日本の政界、特に婦女子にも影響を与えていました。

だが、宗教は人が生きる上で心の拠り処になるもので、普遍性が要求されます。その宗教に金銭を絡める旧統一教会の布教スタンスは、宗教の本質、理念から逸脱したものになっています。

残念な事ながら格好良さと本物は違い、別物です。経済で余裕がない北朝鮮が核実験やミサイル発射を行う軍事大国振りの演出、丸々と太った指導者と貧困に喘《あえ》ぐ痩せた人民。このアンバランスは辺境国故の「歪な光景」の延長線だと、言えなくもありません。いつも大国振りを振りかざす中国の隣国で生き延びた北朝鮮と韓国。大変な生活を長期間強いられた事はよく理解出来ます。

日本はその朝鮮と海を隔てて存在しています。私たちは、好き、嫌いを別にして北朝鮮、そして韓国と友好国として付き合う必要がありますが、その一方で彼らの特徴と特性をよく見据えて付き合う必要もあります。

固有の地政学から発想するロシア　その❶

いまの世界の人たちは、ロシアのウクライナ侵攻をテレビで見聞きし、うんざりした気持ちになっています。21世紀になってもこのような悲劇が起こる事に多くの人たちは不安を通り越し、怒りを感じている人も多いと思います。

紛争の発端はロシアのウクライナ侵攻にあります。だが、ロシアの主張は、「ロシアとウクライナは元々同じ民族で国土も共有していたが、最近のウクライナの独自な言い分はロシアの安全に支障をきたし、黙認する事が適わない」とする主張になっています。

一方、ウクライナの主張は「ウクライナはロシアと地続きにあるが、ウクライナは独自の民族であり、ウクライナの反戦は自国の領土と自由を守るためのもので、ロシアの干渉は許されるものでない」とする内容になっています。

双方の言い分は、根っこの部分に違いがあります。隣国同士が紛争を起こすと、当初スムーズにいっていた双方の関係が根っこの部分で拗れるようになり、解決が難しくなります。

ロシアは世界一広い国土を持つ国です。その分隣国へ気を使う事になります。自国の領土の保全のためロシアは昔から周辺の国々と友好関係を維持する必要があり、ウクライナはそれを象徴する国になります。

その一方でロシアは、周辺国を吸収、合併して世界一の領土保有国にもなっています。このロシアの地政学に基づく「二面作戦」をいまでも繰り返し続け、二面作戦はロシア固有の文化となっており、ロシアが世界一の広い領土を保有する事が出来た要因になっています。

周辺国との友好と吸収の二面作戦で外交を行っていたロシアですが、いまの世界は技術が発達しています。ロシアは寒冷地でも穀物の生産が世界一となり、更に豊富な石油や天然ガスの埋蔵を確認した事から、ロシアは、いま迄の守りの地政学を一転させ、強気の作戦に切り替えています。

ロシア・プーチン大統領は、周辺国に気を使っていたロシアの慎重な姿勢を強気に転じさせ、周辺国に文句の一つもつけて吸収合併を目論み、それがいまのウクライナ侵攻の実体です。

固有の地政学から発想するロシア　その❷

人は元々与えられた環境から抜け出す事が難しい処があります。人は親からの躾や育った家風に縛られて生きています。国や民族も同じ事が言え、人々は伝統や文化に従った生き方になります。

これを日本の例にして話をしてみますと、日本は昔から狭い国土に四方を海に囲まれた海洋国家です。米作りに精を出した日本人は、周囲に枠を設け、枠社会、絆文化を形成して生き抜いてきました。周囲を海で囲まれた狭い国土で生き抜いた日本人は、その分自国の文化や歴史、そして領土に敏感になり、他国に対抗した生き方になります。

ロシアは、昔から広い国土を持っていた事から地政学に沿った、守りの姿勢で生き抜いてきました。国土の広いロシア、逆に国土を海で囲まれた狭い海洋国・日本。双方は国土が広い、狭いの違いがありますが、領土に関してロシアと日本は、地政学で敏感な処があります。

自国の領土は、基本的には親から受け継いだ土地や建物の延長線のような処がありますが。だが、領土は個人的なものでなくその国の文化や歴史等の要因が絡む事から土地や建物より収拾が困難な代物となります。それを反映してどの国も領土には敏感になる処があります。

日本の領土である北方二島は、ロシアから見るとほんの僅かな面積の島です。日本はその返還を求めてロシアと地道に交渉を行っていましたが、交渉の進展が上手くゆかないのは、ロシアが固有の地政学に固守する事が原因になっています。

ロシアは寒冷地乍ら広い国土を有していた事から、昔から周辺国へ色々と気配りをしつつ一方で領土拡張を行うロシア独得の「二面作戦」で生き抜いていました。だが、最近のロシアは技術革新により自国が世界一の穀物産出国になり、加えて豊富な資源が埋蔵されている事が分かり、ロシアはいま迄の守りの地政学を脇に置いてウクライナ侵攻のような強気の外交に転じています。

プーチンロシアは、新しい環境を背にして強気の外交を行っていますが、ウクライナ侵攻の成果が思わしくなく、自らを厄介な状況に追いやっている感があります。

次稿でプーチン大統領の率いるロシアの実体は、新しい考えや理念でなく、相も変わらず旧来の二面作戦の地政学でウクライナ侵攻を行っている様を、経済を絡めて説明してみたいと思います。

固有の地政学から発想するロシア　その❸

社会主義を打ち立てたドイツの経済学者マルクスは、著書の資本論の中で「労働価値説」を打ち立てています。労働価値説は、経済原理の下で作動する市場法則の考えをマルクス独自の考えで説いたものです。

経済は人間が持つ欲望から成り立っている側面が強くあります。それを受け経済に人間の欲望が絡み、経済は人間の欲望が「原理」となって諸々の法則が成立している側面があります。

人が生活している場所に昔から市場《いちば》が存在するのは川の流れのようなもので当たり前の光景です。だが、マルクスが説く労働価値説は、魚や果物等の日用品を取り扱う市場《いちば》でなく、資本主義下の需要と供給が交差する広い市場《しじょう》を前提にしての労働価値説となっています。

マルクスが説く労働価値説の骨子を説明しますと、労働者が働いて得た賃金は正当なものとしています。だが、賃金は資本家に吸い取られ、その結果労働者は市場から「疎外」されるようになるとする理論です。

マルクスの労働価値説は、ロシアに受け継がれ、1917年にロシアは労働者による共産主義国家としてソ連邦を誕生させています。

しかし、ソ連は、経済原理が作用する市場法則を正しく理解する事が適わず、労働価値説に固守し、労働者の優遇政策を過度に実施した事から、生産が上がらず、市場が機能不全に陥り、社会主義国家のソ連邦は崩壊し、いまはロシア共和国となっています。

ロシア経済の実体は、形ばかりの自由経済で、国が管理や統制を行う、歪な経済体制となっていました。

経済を大まかに説明しますと、基本は生産と消費、そして分配の三つから成り立つ構図になります。資本主義社会は、この三つを軸に経済が相乗、循環し、社会が成長する仕組みになっています。

だが、いまのロシアの経済は、生産と消費が程よく循環して拡大する資本主義経済でなく、諸々の面で国が市場に介入する歪な経済体質の国となっています。

ロシアは穀物の生産が世界一で、石油や天然ガスも豊富な国です。だが、GDPは世界で10位と韓国よりも下にランクされています。この数字は、ロシアが自由な競争に基づく資本主義体制の経済でなく、歪な統制経済国である事と関連しています。

世界一広い国土を保有し、世界一の穀物を量産、且つ豊富な石油や天然ガスを保有しているロシアです。普通に考えるとロシアは世界一の経済大国になれる筈です。だが、ウクライナに侵攻しても武器の供給さえ儘ならない経済の実体。ここに相も変わらず経済原理を理解していないロシアの実態があります。

ウクライナへ侵攻し、それが上手くゆかない戦局。いまのロシアの実体は「ロシアとは如何なる国か？」と問われた場合の格好の答えとなる「ヒント」があります。

日本の近隣に存在する国々はそれぞれの生き方、スタイルで国家を運営しています。独善の中華思想の中国、その中国の隣にあっていつも揺れ続ける朝鮮半島。そして歪な地政学条件と統制経済に固守し、周辺国を監視、威嚇するロシア。

日本は、海洋国としてこれらの国々と海を隔てて存在しています。私たちは日本が危うく、厄介な地政学条件にある事をシカと認識し、対応して生き抜く事が必要であると思います。

第2章

カリスマが欠かせない欧米社会

ヨーロッパでは「神と人間を仲介する」とされるカリスマが原始キリスト教の頃から存在していたとされています。カリスマが原始キリスト教の頃から存在したとなれば、2000年以上も前の話となり、その歴史の古さに、私たちは驚かされもします。

ヨーロッパの人々はそのカリスマを「神賦の才の持ち主」と評していました。神賦の才と評されていたカリスマですが、欧米は21世紀のいまになってもカリスマ的人物が活躍しており、社会もカリスマを応用している処があります。

一方カリスマが存在しなかった日本ですが、最近になりカリスマが登場するようになっています。だが、日本でのカリスマの意味は、欧米人が考える「神賦の才」と大仰なカリスマ像ではありません。日本では一般的にカリスマを職業の前につけ、カリスマ医師やカリスマ美容師、カリスマ調理士等と軽く専門家的な意味にして使っています。

欧米でカリスマが古くから存在していた事実、一方カリスマが存在していなかった日本でカリスマが別の意味で使われる現象。この理由を求めてみると、欧米と日本に社会構造の違いがある事に突き当たります。

社会構造の基となるものの一つが地政学条件です。地政学は、その周辺に在する国や地域の宗教や文化に影響を及ぼし、そこに住む人たちの考え方や行動等の諸々のものに影響を与える処があります。

欧米でカリスマが2000年以上も前から存在し、いまも尚カリスマ的人物が活躍し、社会もカリスマ的人物を応用しています。この欧米の実態は、私たち日本人から見ると意外性がありますが、一方でカリスマの有無が根が深い事を示唆しています。

これを受け、私は欧米人が考えるカリスマの意味、実体を理解する事は、欧米社会と欧米人の本質を掴む「ヒント」になると、見立てています。

本章ではこの視点に立ち、古くから存在するカリスマに焦点を当て、欧米社会の実体と欧米人の本質に迫ってみたいと思います。

カリスマの原点

ヨーロッパで古代から存在していたとされるカリスマの由来を宗教の解説書を紐解いて、求めてみました。

カリスマに関する資料は宗教が絡んでいる事から数が多くなっている割に、私たち日本人に余りピンとくる解説書がありません。その中でユダヤ教の第二イザヤの話は、欧米人が考えるカリスマを具体的に、且つ分かり易く紹介している処があります。

そこで第二イザヤの話をし、そしてイエス・キリストを加えて欧米人が考えるカリスマの原像を浮き彫りにしてみたいと思います。

古代のユダヤ人は、ヨーロッパでは「流浪の民」として扱われていた事から、寄るべく国土を持っていなかったとされていました。その最中のある時、ユダヤ人の行為が支配者のペルシャ国王の怒りを買う羽目になり、ユダヤ人が大虐殺されそうになります。

その時にイザヤが登場し、彼は「ユダヤ人は世界宗教の中心になる存在だ」と訴えてユダヤ人を擁護する一方でユダヤ人の罪を背負って自ら死を選んだとされています。

ユダヤ人は自分たちを擁護し、身代わりになって自死したイザヤに感激し、彼を「神の僕《しもべ》」と評価し、心の糧にしたとされています。

イザヤがユダヤ人の罪を背負っての自死は、ユダヤ人の心に残ったもののヨーロッパではユダヤ人を流浪の民と扱っていた事もあって、イザヤの自死はそれ程ヨーロッパ全土へ波及する事はありませんでした。

年月を経た後、ヨーロッパではイエス・キリストが登場しています。イエス・キリストは、サタンの誘いに乗ったアダムとイブの原罪を背負い、人類の身代わりとなって自死したとされています。

神を創造主、唯一絶対神と捉えるユダヤ教とキリスト教の下、人々のため自死したイザヤとイエス・キリスト。二人のエピソードは「欧米人が考えるカリスマとはどんな人物か？」と人から問われた場合の答えとなる「ヒント」があります。

神が身近に存在する八百万神でなく、欧米人のように創造主と位置づけると、神は人の目には見えず、声も聞こえない暗黙知の存在となります。見えない暗黙知の神を突き求めてみると、神は「仮説」となります。

見えない暗黙知の神を唯一絶対神と位置づけて信奉する欧米社会は、暗黙知の神と人々の間を取り持つカリスマ的人物が必要不可欠な社会となるものです。

私はここに欧米社会の特異性と本質があると見立てています。

中世でのカリスマ像

古代におけるカリスマは「神の僕」として位置づけられていました。私はそのカリスマの代表者としてイザヤとイエス・キリストを例に挙げて話しました。

だが、神の僕は一人に限ります。何人も神の僕がいたのでは、神の権威が損なわれます。ところが人々のため自死した筈のイエス・キリストが、人間の姿で再度この世に現れ、復活しています。

ヨーロッパでは、人間の姿で現れて復活したキリストへの認知で揉めに揉めましたが、キリスト教はその解決策として、三位一体説を打ち立てて、イエス・キリストを神と認知しています。

キリスト教が用いた三位一体説での論拠は、先ず形而上学で神は見えないが「聖霊」を発する存在とし、見えない神を「神は言」と演繹法で表現し、人間の姿で現れたイエス・キリストが各地で奇跡を起こし、聖霊を福音書等で人々に伝えていた事を踏まえ「言は神」と表現し、イエス・キリストを神の子息と位置づけ、キリストを神と認知しています。

キリスト教は難しい三位一体説を仮説化して、演繹法で説明して教義の核として人々に布教していますが、仮説化して説明する三位一体説は、ヨーロッパ人にも当初は分かり難い説明に映ったようです。

ヨーロッパではそれを反映してイエス・キリストの認知で揉めに揉め、戦争に迄発展しています。だが、ヨーロッパ人も最後は演繹思考でイエス・キリストを神の子息として認知し、三位一体説は受け入れられるようになりました。

三位一体説を演繹思考で受け入れたヨーロッパは、キリスト教が定着する社会になりましたが、中世になるとやはり暗黙知の神を人々に仲介するカリスマへの解釈で混乱しています。

一般に人が他人を評する場合、相手の考え方や地位、経歴等を総合的に捉えて説明する処があります。だが、相手の存在が大きい場合、二面論での説明では間尺が合わず、分かり難い説明になります。暗黙知の神を仲介するカリスマも二極論の人物評では、逆に分かり難い存在になります。

この解決策として中世のヨーロッパは、カリスマの解釈を「マナ」と「タブ」の二つを絡めてカリスマを説明していました。

マナとは超能力者を言い、タブは一般の人々がマナに抱く心情です。人々はマナの持つ才に恐れを抱くものですが、一方で、マナの才に帰依し、頼る気が起こるものです。

中世のヨーロッパ社会は、カリスマの才をマナとタブの視点で捉え、カリスマを「呪術師的な特異な才の持ち主」と位置づけていました。

マックス・ウェーバーが説く現代版カリスマ像

ヨーロッパで古くから存在していたカリスマの意味、歴史を解説してみました。古代でのカリスマは神賦の才とし、中世ではカリスマを呪術師的な才を持つ仲介者として位置づけていました。

だが、社会学者のマックス・ウェーバーはカリスマの能力を呪術師的な仲介者だとする見方に同意せず、キリスト教のマルチン・ルターが唱えた「予定説」をカリスマに絡めてカリスマ論を展開し、カリスマの才は、新しい時代を見抜く「予知力の才」だと主張しています。

ルターが説いた予定説は、従来のカトリック教会が行っていた聖礼典等を中心とした信仰を否定し、信者にキリスト教の原典の精神に戻る事を予定説に絡めて説いています。カルビンはルターが説いた予定説を広めて人々に、伝えた人とされています。

予定説の骨子は、「人が肉体が滅んだ後の死後、人の魂が神のいる天国に入れるか否かは、神が予め決めている」とするものです。

人はいずれ死ぬものです。死後自分の魂が天国に入れるか否かを神が予め決めており、人はこの決定にどうする事も出来ないとなれば、信心するヨーロッパ人は落ち着かなくなり、焦燥感に駆られるものです。

そこでカルビンは「神に召される者はその事を証明するように振る舞う」と説明し、「神に救われる者は倫理的な生き方をするものだ」と説いています。倫理的な生き方とは「聖書に基づいて信仰をし、無駄のない生き方をするものだ」と付け加えています。

ルターが提唱し、カルビンが広めた予定説は、典礼典に従う信仰でなく、聖書の精神に戻る信仰を唱えています。予定説は、プロテスタント系の教会に採り入れられ、典礼に基づく従来の信仰を180度転換させる力を発揮したと、されています。

マックス・ウェーバーは「ルターやカルビンが説いた予定説を聞いた人たちは、いてもたってもおられない焦燥感に駆られ、エスト（根本的な生き方）の返還を促した」と主張し、更に二人が唱えた無駄のない倫理的な生き方は「新しい資本主義の形成に資した」とも主張しています。

いまの欧米社会では、多くの国が大統領制を敷いています。大統領は議会が選ぶのでなく、国民が直接選挙で選ぶ制度となっています。それを受け大統領制は、直接国民に語りかける政治スタイルになっており、大統領は諸々の権限を行使する治世者となっています。

アメリカは大統領制の外、経済で連邦理事会（ＦＲＢ）という制度を設けています。ＦＲＢは政治から独立し、実体経済を金融と金利を絡めて独自の裁定を行っていますが、議長の権限は、日本の日銀総裁に比べると大きく強く、国民や経済界も議長採決へ期待し、依存している風潮が、それも強くあります。

欧米社会は多くの国が政治で大統領を敷き、アメリカでは経済でＦＲＢの存在。私はこの実体は、欧米社会がいま尚カリスマが欠かせず、カリスマ的人物を応用した社会になっている代表的な例だと、見立てています。

欧米人の思考は演繹思考となっている

欧米人は、古代ではカリスマの意味を「神の僕」「神賦の才の持ち主」と位置づけ、中世になるとカリスマを「呪術師的な才の仲介者」とし、現代では先を見通す「予知力のある人」としている事を、話しました。

私たち日本人は温暖な自然の下、米作りに精を出して皆で協力、共同する枠社会、そして絆文化を育んで生き抜いてきました。

これを受け、日本人の思考は、何事も見える化、具体化する帰納思考となり、神を八百万神と位置づけ、自然や自然界の松や滝、石等を神として崇めたりもしていました。

だが、見えない創造主を神と位置づけて唯一絶対神を信奉する欧米人は、具体的な神では間尺が合わず、逆に神への有難味が薄くなるようになるものです。

これを受け欧米では暗黙知の「神の意」を人々に知らしめるカリスマ的人物が必要不可欠な社会になります。そのカリスマの思考法は、既存の知識や具体的思考でなく、原理や本質に近い仮説を前提にして考える演繹思考となるものです。

演繹思考は、一般的、普遍的前提から出発して法則性のある答えを出す思考法とされていますが、別の言い方をすると演繹思考は「本質に近い仮説を打ち立て、仮説を現象の中に入れ込んで、方向性、法則性のある推論を出す手法」だとされています。

いまの欧米人の多くの人たちは、キリスト教が演繹法で布教する三位一体説を受け入れ、キリスト教を信奉する社会になっています。若い人たちも、演繹法で説明する三位一体説を拒む事なく「スンナリ」と受け入れている処があります。

私はキリスト教が演繹思考で布教し、これを人々がスンナリと受け入れている有様を見て、欧米人は「演繹思考民族」であり、欧米社会は、仮説を頂点にする三角形の「仮説社会」であり、更にキリスト教は「仮説宗教」だと、見立てています。

だが、具体的思考をする私たち日本人は、演繹思考で貫かれている「神は言」「言は神」とする三位一体説を何度聞かされても分かり難い処があります。

次稿では分かり難い演繹法で貫かれている三位一体説を具体化、モデル化し、欧米人の演繹思考に近づいてみたいと思います。

演繹思考は三角形のチャート図にすると分かり易くなる

キリスト教の三位一体説の基本的な流れを述べてみますと、創造主の神を「神は言」と表現して頂点に置き、人間の姿で現れ神の意を福音書で人々に伝えたイエス・キリストを「言は神」と表現し、キリストは神の子息であり、神だとする三段論法的な演繹思考となっています。

だが、ヨーロッパ人も当初「神は言」「言は神」とし、イエス・キリストを神と認知する仮説を掲げた演繹思考での説明が分かり難かったようです。人間の姿で現れたイエス・キリストの認知で長い期間揉め続け、ヨーロッパでは戦争迄発展しているのは、それをよく物語っていると思います。

演繹思考で貫かれている三位一体説は分かり難い説明になりますが、私たち日本人は、分かり難い話の場合は出来るだけ「具体化」して話すように心掛けています。だが、キリスト教は、神を具体化する事を諫め、神の教えをモデル化する事も避けて布教しています。

その理由を私なりに説明しますと、人が創造主の神を具体化、偶像化する事は恐れ多く、具体化した身近な神では逆に有難味を感じなくなるものです。キリスト教は人々が抱く神への潜在意識を安心に切り替える必要がある事から、人々に自由な心での信仰を奨励し、人々もこれを受け「自由な心」で信心をする構図にしていると、私は見立てています。

自由を基調とする構図は、キリスト教だけに留まらず、欧米人の基本的な思考、生き方になっています。欧米で発祥し、定着している資本主義経済は、自由で公正なルールに基づく競争社会となっています。

人は欲望を持って生きている側面があります。これを受け、私たち日本人は神を「御利益」を与えてくれる存在だと見立てたりしています。だが、キリスト教は神を創造主と位置づけ自由な心を前提にしての信心を説いている事から、私たち日本人には、キリスト教の三位一体説の解釈が難しくなります。

抽象的で分かり難い三位一体説ですが、私なりにモデル化し、三角形のチャート図にしたのが下の1図です。

1図は、「神は言」「言は神」とする三位一体説を私が独自に作図したものです。内容は「神は言」の創造主を頂点に置き、創造主が発する聖霊を中央に配置し、下部の右側に福音書で神の意を伝えていたイエス・キリストを、そして下部の左側に聖霊を享受する人々を置いて、三者を結び付けています。

分かり難い演繹思考の三位一体説も三角形のチャート図にして具体化してみる

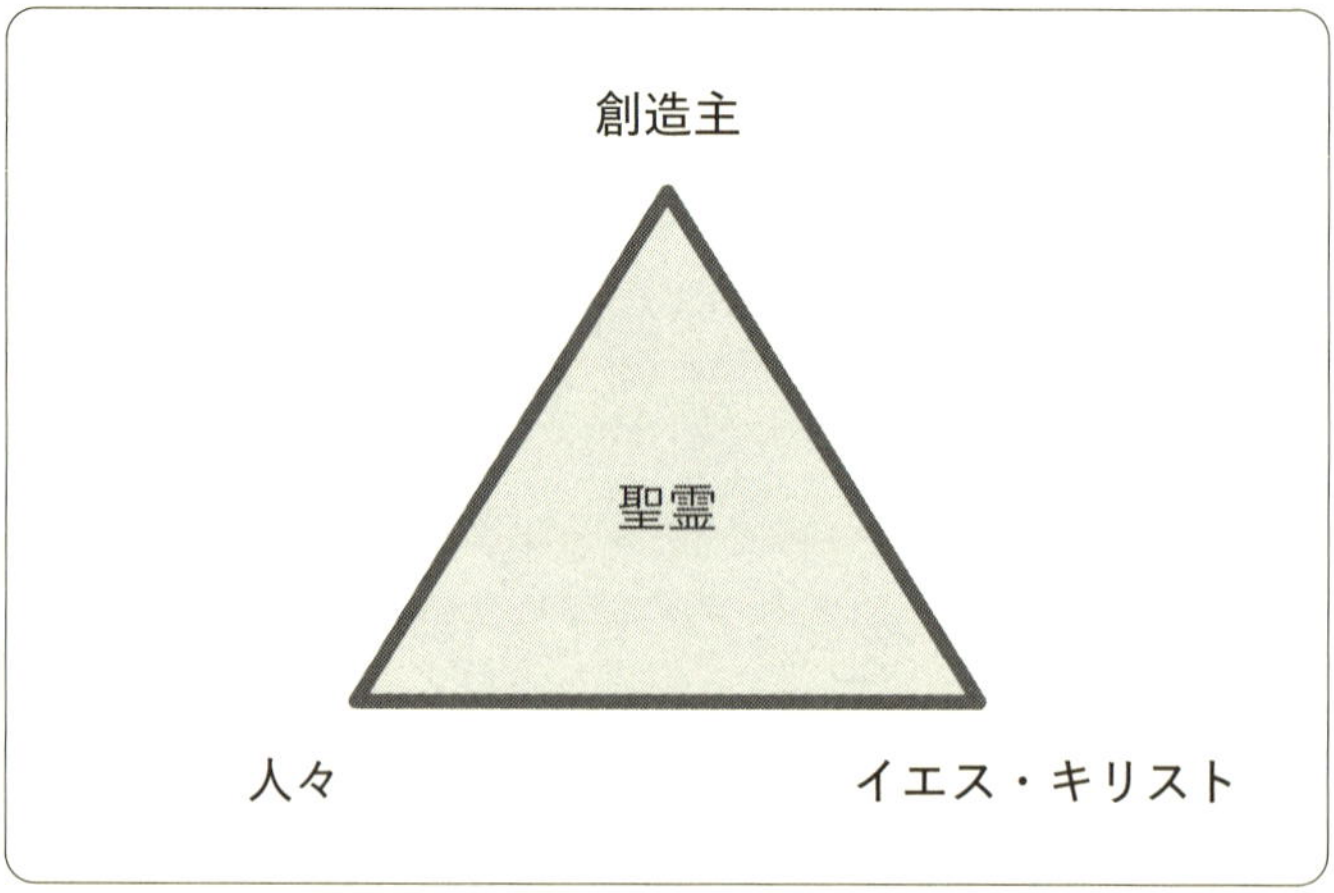

1図

とイメージし易くなりますが如何ですか……。

キリスト教は三位一体説でイエス・キリストを神の子息と認知し、キリストを神と位置づけています。

下記の2図は、創造主が発する聖霊を、各地で言葉で伝えていたイエス・キリストを頂点に置き、キリスト教が説くバイブルを中央に置き、下部の右側に教会の司祭、牧師、そして下部の左側前面に信者（人々）を配置して三者を作図しました。2図は、キリスト教の布教図になっています。

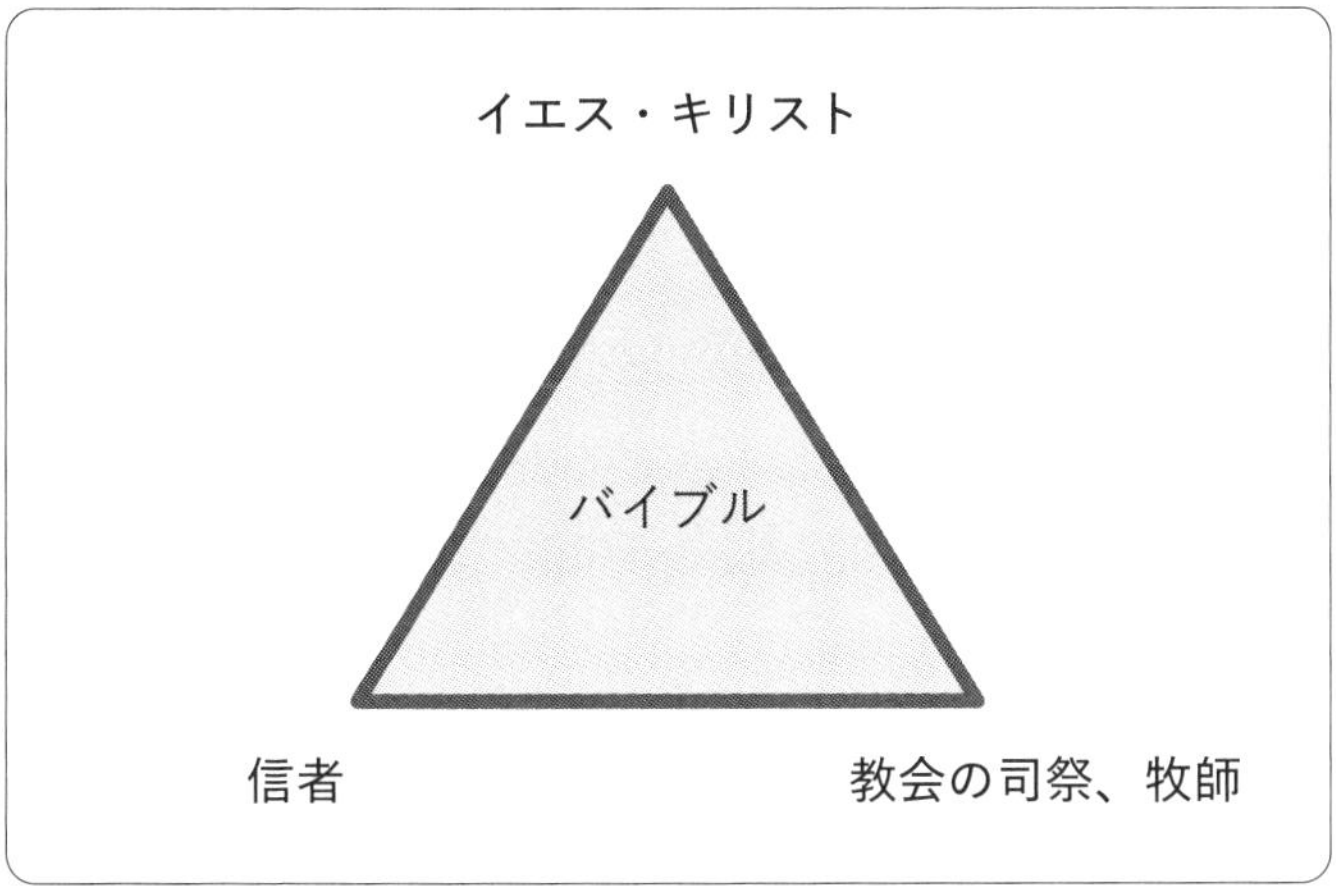

2図

三位一体説は、仮説化して演繹思考で貫かれている事から難しい解釈になりますが、抽象的な演繹思考は1図、2図のように三段論法的に見える化、モデル化して作図すると分かり易くなります。

私たち日本人は何事も具体化、見える化して考える帰納思考民族です。私は演繹思考で貫かれている三位一体説を読者の皆さんにご理解して頂くため、独自に三位一体説を1図、2図に作図してみました。(キリスト教は神を具体化したり、モデル化する事を禁止している事から信者の方の中には、三位一体説をモデル図にする事に感心出来ないと思われる方もいると思いますが、私は日本人向けに分かり易くするため敢えて見える化、モデル化してみました事をご理解して下されば と思っています。)

欧米社会は三角形の仮説社会になっている

見えない原理や本質、そして神等を頂点に置いて発想する欧米人の演繹思考は、私たち日本人にとっては煩わしく、面倒な思考になります。

だが、ヨーロッパは狭い地域に多くの国々が集まる複雑な地政学条件下にある社会です。それぞれの国が自国の考えを直接相手国に伝える二面思考ではウチが明かず、相手国への理解を得る事が難しくなります。

これを受けヨーロッパ人の思考は、原理や本質、そして神等を頂点にする演繹思考となるものです。ヨーロッパ人の話は、原理や本質、神を頂点にし考え話す事から具体性を欠き、日本人には分かり難い話となります。

私事になりますが、イギリスの友人と会話をすると、私は演繹思考で話す友人の話が通じなくなる事が多くあります。その対応として私は友人の言いたい事を三角形のチャート図にし、それを友人に見せて会話を促進したりしています。

逆に私の話が「分かり難い」と友人が感じていると、私は自分の考えを三角形のチャート図にして大事な事や解決すべく考えを頂点に置いて話をしたりします。するとと友人は「ニヤリ」と笑みを浮かべ、私の説明を理解してくれます。
私が三角形のチャート図にして話す手法のヒントは、カリスマ的存在だと言われるアメリカ連邦理事会（ＦＲＢ）の理事長が行っている三角形のモデル図の手法（アメリカの生産や雇用、物価高、インフレ率等の現象を前提に、アメリカが採るべき金利、金融政策を頂点にして国民に説明する三角形のモデル思考）を真似てのものです。

私が作図した三角形のチャート図を見て友人が笑顔で応じる様は、欧米人が原理や本質、理念等を頂点に仮説化して考える三段論法的な演繹思考民族である事をよく物語っていると思います。
次ページの３図は、演繹思考をする欧米人の思考スタイルを三角形にして作図したものです。

欧米人の基本的思考は、３図のように原理や本質、そして神や理念等を頂点に置き、それらの内容を仮説化、言語化して人々に知らしめる三角形の演繹思考となっています。

演繹思考をケース毎、案件毎に分類して作図したものが62~63ページの4図から6図です。

アメリカの独立宣言（4図）、フランス革命（5図）は、理念や願いを頂点にして国民の参加を促す三段論法的な構成です。スポーツの祭典、オリンピックは正しいルールの基で選手が競うスポーツにしています。

演繹思考は、陸上競技の三段跳びのようにホップ、ステップ、ジャンプと目的を目指す効率のいい構図になります。

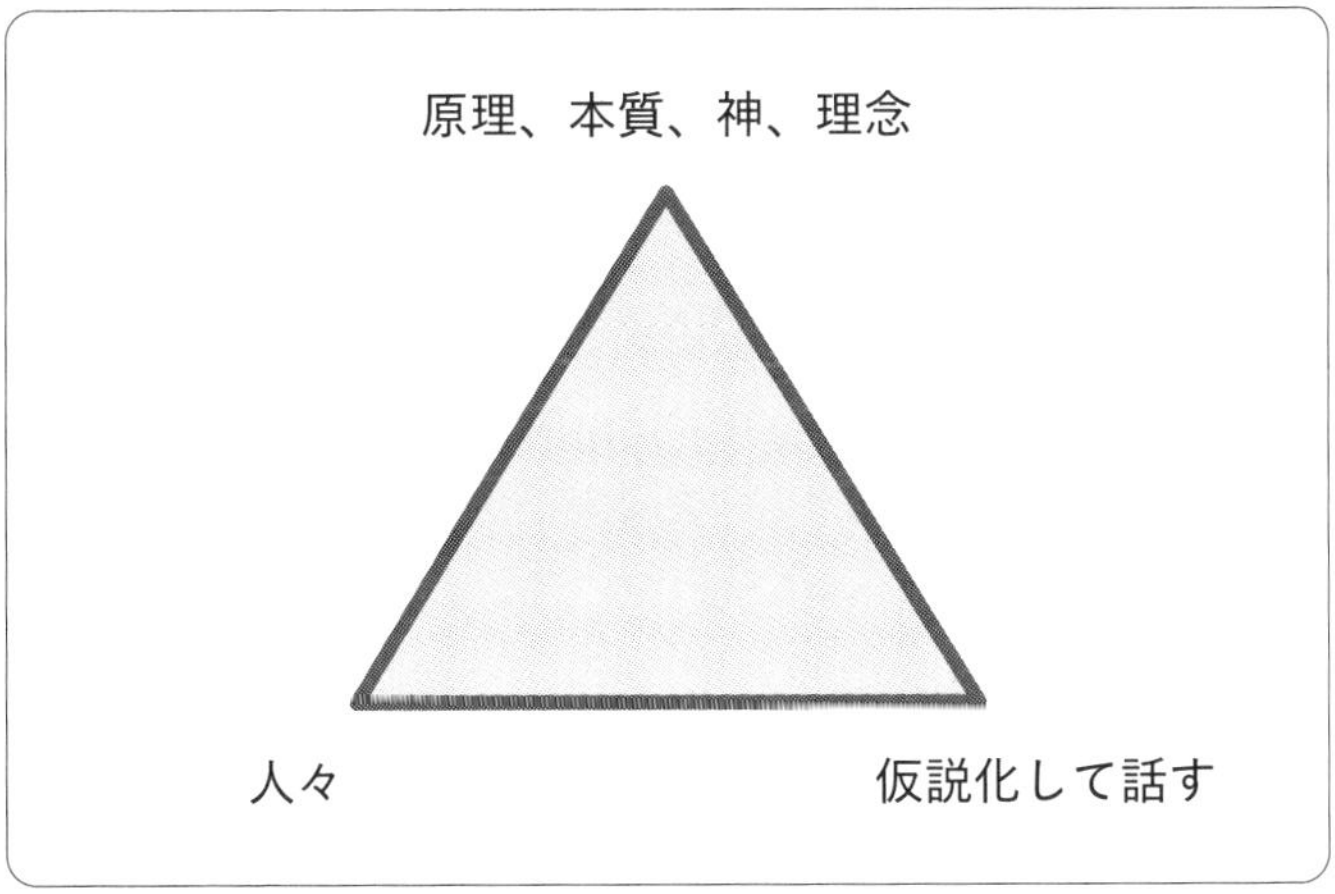

3図

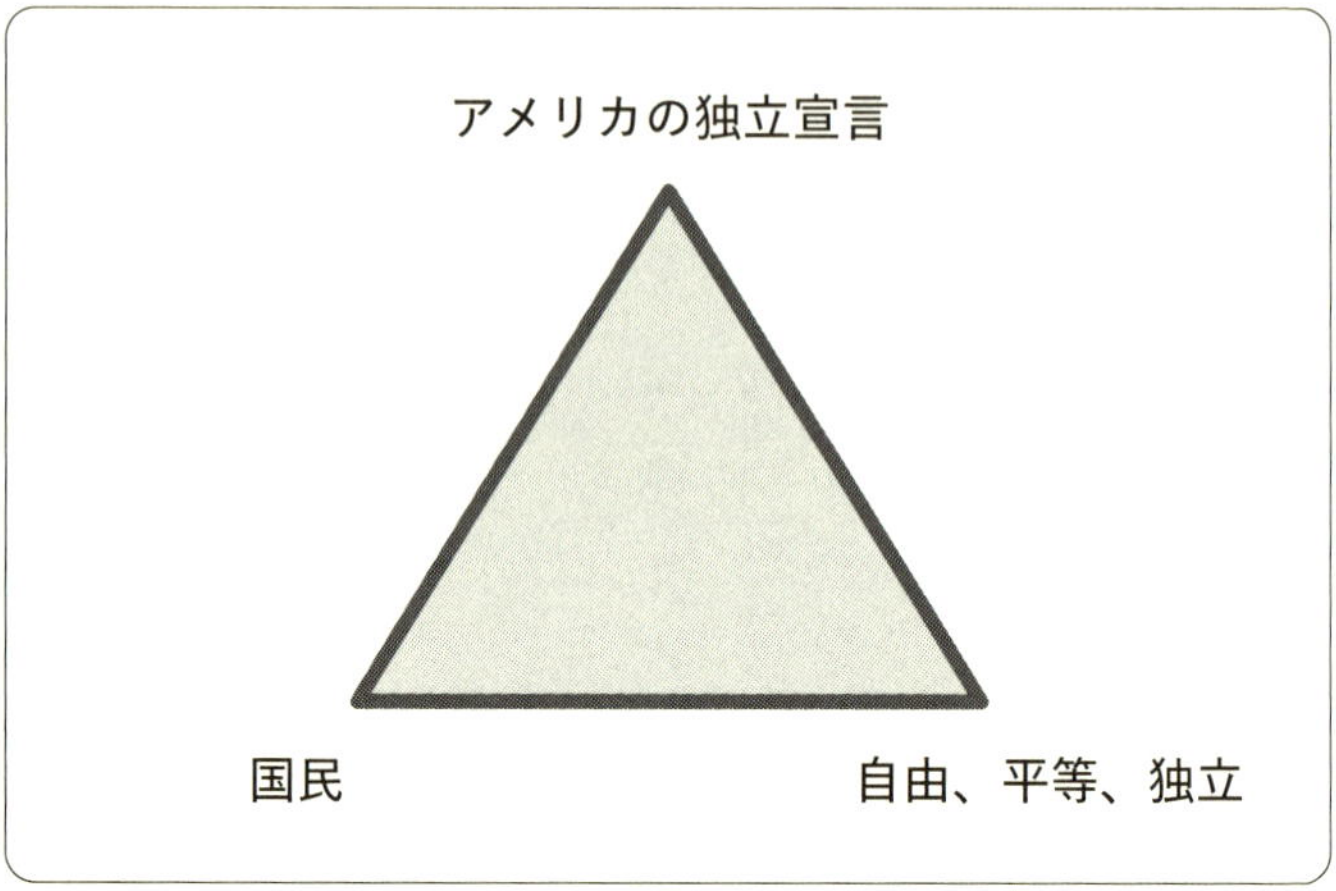

4図

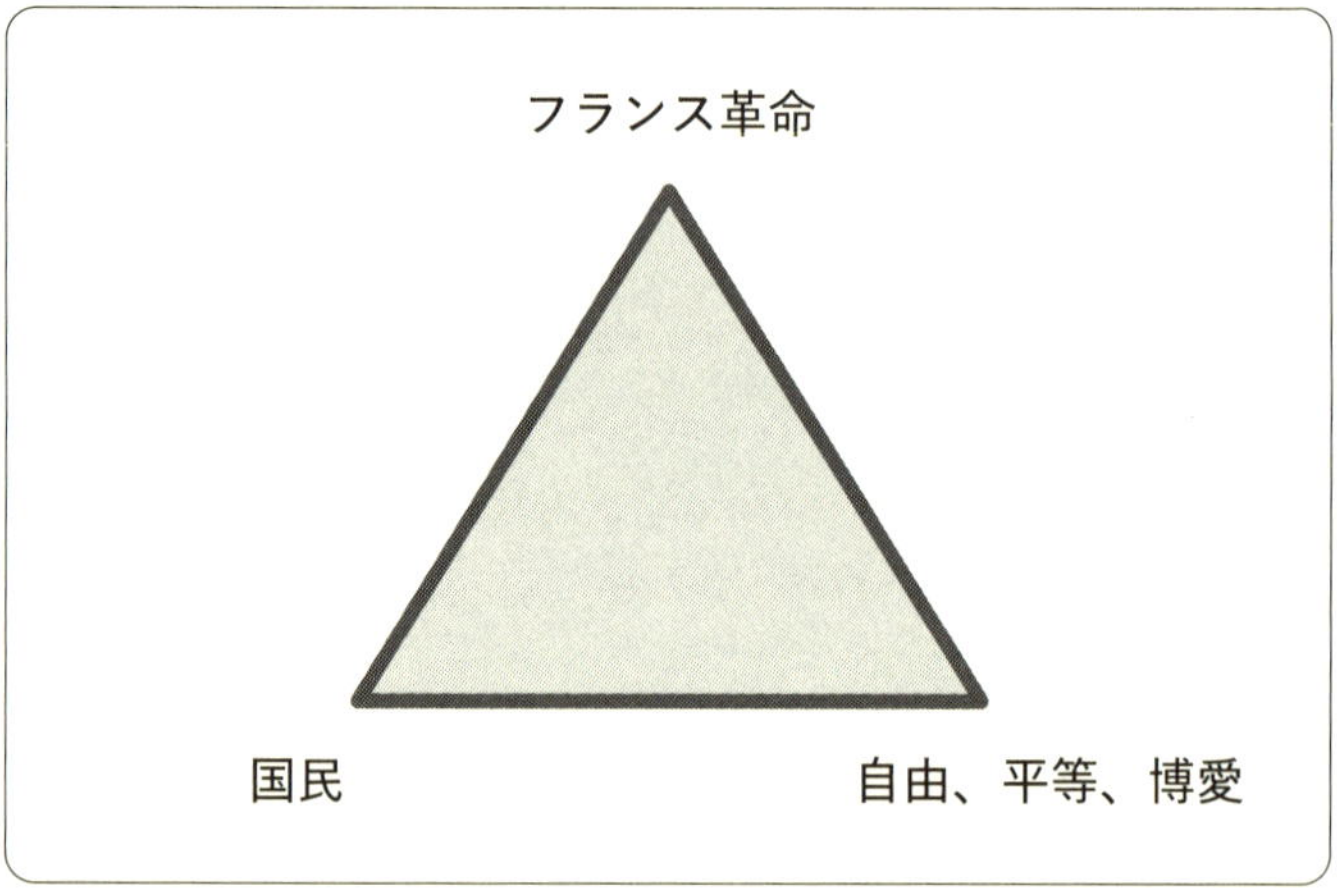

5図

経済は基本的に生産と消費、分配の三要素で成り立っています。これを受けて資本主義経済は、三要素を結びつけて相乗、循環そして発展を目指す効率のいい社会となっています。

だが、経済は常に変化します。変化する経済に対応するには、カリスマ的な予知力、思考の持ち主が必要不可欠な社会となります。

アメリカは、変動する経済が上手く作動するように連邦理事会（ＦＲＢ）を設けています。理事会はアメリカ経済が生産や雇用、そして物価高やインフレ等で混乱した場合、上手く作動すべくＦＲＢの議長が状況に応じて金利政策の裁決をしています。国民や経済界もＦＲＢの裁決を応用、頼っ

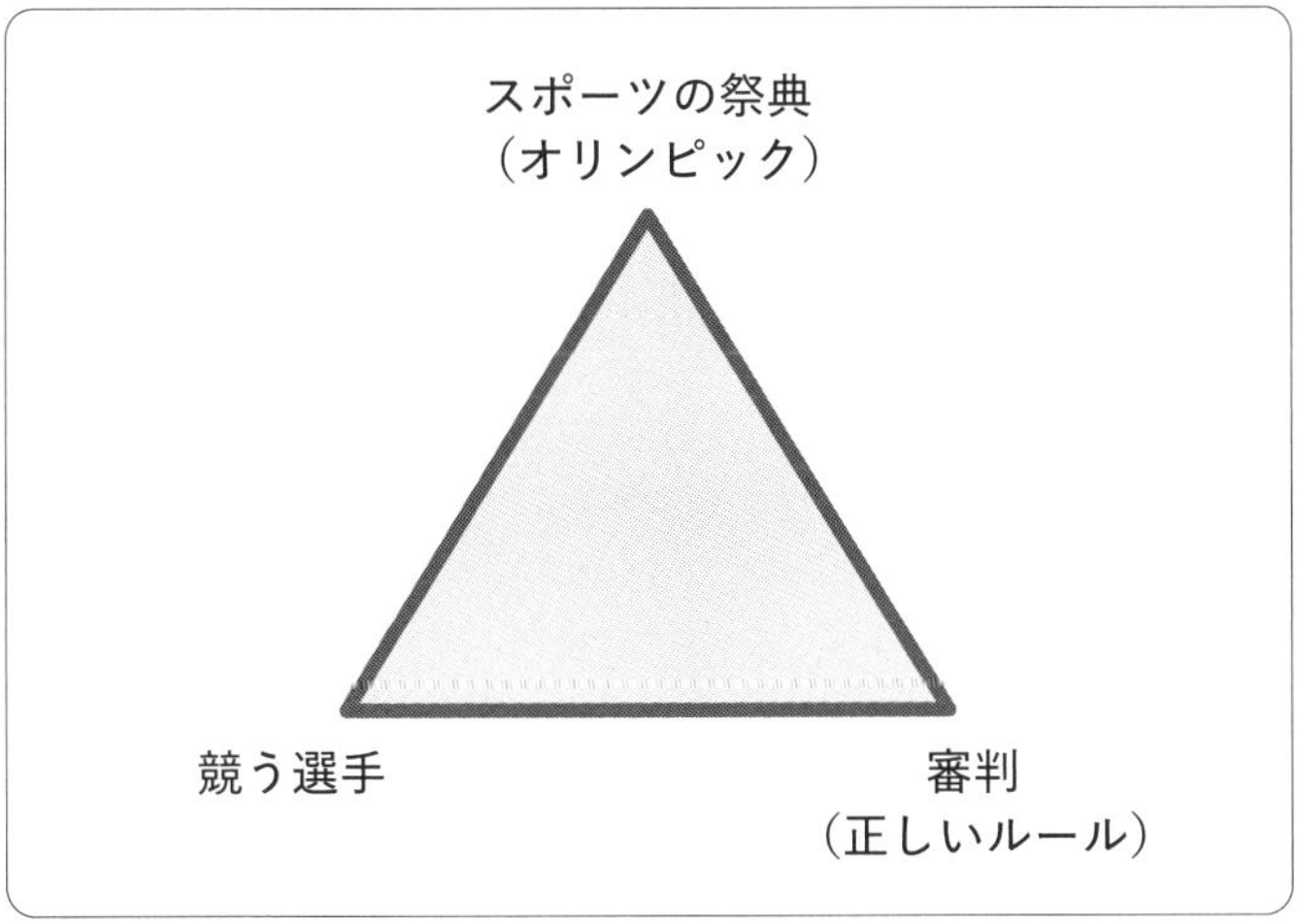

6図

ている処があり、日本も含め世界経済の人々も議長採決に注視しています。

アメリカのＦＲＢの存在は、欧米がいまも尚、カリスマを必要とする社会になっている事をよく物語っていると思います。

第3章

カリスマが誕生しない日本社会

私たちは欧米で「神賦の才」と称されていたカリスマが原始キリスト教の頃から存在していたと聞かされると、その古さに驚かされもします。ところがカリスマの歴史がなかった日本ですが、最近になってカリスマらしき人物がよく登場するようになっています。

だが、日本で使われているカリスマの意味は、欧米人が考える神賦の才という大袈裟な意味でなく、多くが職業の前にカリスマをつけ、カリスマを専門家的に軽く捉えたりし、中には不必要な門外漢の人と見放したりもしています。

私が「日本と欧米でカリスマの歴史や解釈が違っている」と話すと「カリスマの歴史や意味の違い位を話題にするのは腑に落ちない」と多くの人が主張し、強く反発をする人もいます。

カリスマを問題視する事はないとする人の主張は、尤もなように聞こえますが、欧米で歴史があるカリスマの意味が日本で異なった解釈になる事は、日本と欧米で社会構造の違いに因があり、根が深い事に繋がっています。

私たちがカリスマの存在を無視する事は欧米人の考え方、生き方を否定する事にもなり、私はカリスマの否定はグローバル時代の今日、日本が間尺の合わない生き方に成り兼ねなくなると見立てています。

本稿ではこの視点に立ち、欧米で古くから存在したカリスマが何故日本に誕生しなかったかの理由を論じて、日本の本質、実体に迫り、日本版カリスマ的人物の有無についても話してみたいと思います。

カリスマを認めない日本社会

何故欧米社会が古代からカリスマを必要としていたかをいま一度説明してみますと、欧米人は見えない神の「実存」を信じている事に根処があります。

見えない神が実存するとする考えは、私たち日本人には分かり難い話になります。欧米人が考える「神は実存する」とする意味を具体的に、且つ分かり易く説明してみますと、いま目の前に存在している机や鉛筆は見えるものです。だが、二つはいつ迄も在るものでなく、いずれ時期がくると消耗し、消失するものです。一方原理は、見えないものの永遠不変に存在しています。

欧米人の思考は、その永遠不変の原理を基本にした発想となっています。不変の原理を神にも適用し、神は人の目に見えないが永遠不変に存在する、即ち神を原理と同じように見立て、神は「実在」するとする考えです。

欧米人の基本的な思考は、見えない原理や本質、そして神、理念等を頂点にして発想する事から思考法が演繹思考となっています。一方私たち日本人は、一部の人たちが皇室の祖神を天照大神と敬ったりもしていましたが、大部分の庶民は別で、身近に見え、実感するものに神を見い出したりしています。

例えば自然や太陽、松や石、滝等を神と見立てて信仰し、中には現存する人間を神と奉ったりする宗教も存在しています。

日本人が身近で見えるものに神を見い出して生きる姿勢は、米作りに励んだ日本人の生き方から由来しています。米作りは四季を繰り返す自然の下での作業となります。だが、自然の摂理はいつも平穏無事でなく、荒れ狂い、時には地震も起こしたりもします。

日本人は、変化し、荒れる自然へ対応する手法として、自分たちの周囲に枠を設けて枠内で皆と協力、共同する絆文化を育んで生き抜いて来ました。枠社会での日本人の生き方は「いま、ここの精神」となり、発想は何事も対象を具体化し、整理して一つの答えを出す帰納思考となるものです。

一方複雑な地政学条件下で暮らすヨーロッパ人は、自分、或いは自国中心の発想や理屈では他国と揉める基となり、適わぬ生き方となるものです。人々は普遍性を得るため、原理や本質を頂点に、仮説を打ち立てて考える三段論法的な演繹思考になる必然性がありました。

日本人が周囲に枠を設け、具体的に発想する帰納思考、欧米人の原理や本質から考える演繹思考。日本人と欧米人が互いに異なる思考法になる要因は、地政学条件の違いが大きく作用しています。

地政学の違いは、社会構造の違いに繋がり、そこに住む人間の考え方、生き方の違いとなります。この一連の流れは、自然の川が合流して海に注がれるようなもので、必然性があります。

何事も見える化して具体的思考をする枠文化の日本人は、見えない神が実存しているとする発想を受け入れる事が難しくなります。それ故日本社会は、見えない神と人々を仲介するカリスマ的人物が発生する余地のない社会となります。枠社会、絆文化で生きる社会では、仮にカリスマ的人物が出現すると、皆がその者を「変わり者」「外れ者」と位置づけて扱うようになるものです。

宗教に文化が絡むと世界が危うくなる!?

文化は「その国や民族が生きるために皆が従う習慣」と定義されています。米作りに精を出して生き抜いた日本の先人は、自然に対応するため周囲に枠を設けて絆文化を育み、その中で皆で安心し、協力して生きてきました。

国や民族と文化の関係は、人間と欲望の関係に似た処があり、互いに切っても切れない、或いは不即不離のような処があります。しかし、国が文化を人が欲望を強調し過ぎると隣国、或いは他人から疎まれ、反発を買うようになります。

意外な事ですが、文化は宗教と絡むようになると世界が危険な状況に陥る要因になります。

人々が生きる糧とする文化と人々が心の拠り処とする宗教。文化と宗教は同じような処がありますが、理念、概念を異にしています。だが、二つは異なっているものの「思い込み」が入る事から二つの関係がこじれると、抜き差しならぬ事態になる処があります。

いまから83年前、日本はアメリカと対立した事で、日本はアメリカのハワイへ真珠湾攻撃を仕掛けて戦争を起こしています。戦争の要因は、太平洋圏での日本とアメリカの利害の対立があったものですが、私は先の大戦は、日本文化とアメリカの宗教観の違いも背景にあったと、見ています。

だが、時代は変わります。最近の世界は多国化、多様化し、その分国毎に固有の文化が存在する世界になります。

83年前の日本は、日本文化とアメリカの宗教が絡んだ事でアメリカと戦争を行っていますが、多様化、多国化する世界は、その分紛争、戦争が多発する世界になる事が予測されます。

　これからの世界は文化と宗教が絡み、紛争、戦争が起こる予兆がありますが、幸か不幸かはともかくとして、いまの日本は、無宗教国家的な処があります。

　私たちはいまの世界の状況と日本の立ち位置をシカと認識し、安全な日本を目指して世界平和に貢献し、努力する必要があると思います。

これから日本もカリスマが必要な国になる

　人が生きる拠り処となる文化が、一方で他国から反発を買い紛争の種になるという事は、文化が世界平和で「矛盾の存在」になると、言えなくもありません。

　私たち人間は、自国の文化を育み、その中で安心して生きています。文化はその国の人々の心の拠り処となっている一方で、文化が逆に他国から疎まれている例をロシアのウクライナ侵攻で見る事が出来ます。

広い領土を持つロシアは古くから地政学に基づく文化で生き抜いています。いまロシアはウクライナに武力侵攻を行っていますが、侵攻はEU諸国から総スカンを受け、苦悶して戦っています。

ロシアのウクライナ侵攻は、ロシアが地政学に基づいて行動する国である事を見せつけており、世界から顰蹙《ひんしゅく》を買う象徴的な例です。

欧米やアラブでは、神を創造主と位置づけ、唯一絶対神として信仰しています。具体的思考をし、八百万神を信奉する私たち日本人には分かり難い処がありますが、普遍性のある唯一絶対神はそれなりに合理性があります。

だが、唯一絶対神を打ち立てているキリスト教、ユダヤ教、そしてアラブのイスラム教は、神と人々を結びつけるカリスマ的人物の評価、位置づけが異なっています。これを受け唯一絶対神がそれぞれ独自の唯一絶対神になっています。

広く普遍性のある神が相互に存在するのであれば、宗教が文化と同じように多様性のある事に繋がります。ここにいま世界が混乱する要因があります。

いまの世界は、多様化する世界とグローバルな社会、そして情報化社会になっています。情報化時代は宗教と文化が絡む事に必然性があり、世界が危うくなる要因にもなります。

世界が多様化する中で日本は両大国に挟まれており、見方によれば日本は危うい立ち位置にあります。一方でいまの日本の内実は、文化に固守するものの「無宗教な海洋国家」だとする側面があります。

日本は古来枠社会、絆文化、そして海洋国家として生き抜いて来ましたが、無宗教国家兼海洋国・日本は、いま迄の狭い枠を外し、アメリカや中国、そして多様化する国々に迄枠を拡げれば、日本は世界の仲介国、即ち日本が世界の中のカリスマ国として生きる事が可能な処があります。

危うい立ち位置にある日本ですが、私は日本が海洋国家であり、且つ無宗教国家である事は、日本の独自性、日本の特性になり、日本が世界平和に貢献する事が可能な国になると見立てています。

日本版のカリスマの存在　その❶

前稿では多様化する世界情勢の中、日本は危うい立ち位置にあるものの無宗教国家で、且つ海洋国である事を逆に応用し、日本が世界のカリスマ的な役を果たすべきだとする話をしました。

本稿では視点を変え日本に過去カリスマ、或いはカリスマらしき人物がいたかについて話をしてみたいと思います。

歴史のある日本です。長い歴史はさて置いて、近代に絞り日本版のカリスマの有無を追ってみると、日本にもカリスマらしき人物の存在、日本版のカリスマがいました。その該当者が討幕を訴え、後に幕府から斬首の刑に処された「吉田松陰」です。

吉田松陰は、毛利藩で幼少の頃から兵学に優れていたとされ、幼くして藩主の前で色々と話をしていたとも言われています。彼の幼少の頃日本の各地で「天保の大飢饉」が起こっており、幕府は対応が上手くいかず苦悶していました。その余じんの残っていた最中、松陰23歳の時にペルーが4隻の艦船を引き連れて下田沖に来航し、日本に開港を迫っています。

松陰はペルーが再来日した際、思いもよらぬ行動、アメリカへの「渡航（密航）」を企てています。幕府に和親条約の締結を迫っていたペルーは、若い松陰の願いを適う事が出来ず、残念乍ら松陰のアメリカへの渡航は頓挫しています。

松陰の渡航の目的は二つあり、一つは先進国アメリカへの見聞、そしてペルーの来航にあたふたする幕府の対応に疑問を持っての渡航です。

だが、松陰の渡航計画は、当時の幕府や毛利藩にとって驚愕すべき事に映り、幕府は松陰に故郷の萩での蟄居を命じ、毛利藩もこれに従い松陰を隔離していいます。

松陰のアメリカへ同志を連れての渡航（密航）計画は、枠社会で生きる当時の日本人としては思いも寄らぬ破天荒な行動でしたが、ペルーは、日本に開港を求めての再来日です。松陰の申し出を受ける訳にゆかず、拒否しています。

だが、その時松陰の渡航に対応したペルー側の対応者は、松陰と同行した2人の印象を「質素で真摯な態度だった」と書類に感想を認めています。

松陰は、蟄居を命じられた後、郷里の萩で「松下村塾」を開設して門下生を相手に教育を施しています。その時の門下生に久坂玄瑞、高杉晋作等の討幕の旗頭がおり、後に明治維新後の総理大臣になった伊藤博文、山縣有朋もいました。山口県はその後も総理大臣を多く輩出しています。

厳しい仕置きを受けた松陰ですが、幕府の統治能力にはっきりと見切りをつけ、その時に松陰は、「かくすれば、かくなるものと知り乍ら、やむにやまれぬ大和魂」との句を詠んでいます。

この唄は、松陰の討幕精神を唄った句として有名なものですが、私はこの句に松陰の「討幕精神」を見ると同時に、松陰の先を読む「先見力」を認めます。

松陰は蟄居を命じられたその後も禁句だった「討幕」を人々に訴え続けた事で幕府から疎まれ江戸に召還されます。江戸に召還された後も臆さない松陰の討幕への言動に幕府は危険を感じ、松陰は29歳の若さで江戸伝馬町で斬首を受けこの世を終えています。

その後の日本は全国に討幕運動が起こり、9年後に明治維新が成立しています。

吉田松陰はアメリカへの渡航を企てていましたが、彼の言動や地元の人たちの逸話から、松陰が外国との関係を重視していた事がよく覗えます。松陰のやむにやまれぬ大和魂の本意は「討幕」と「開国」の二つにあったと、私は見立てています。

松陰の死後に起こった明治維新は、新しい社会を目指した多くの志士たちが命を懸けた戦いでした。その分志士達には激しいスローガンが必要になると思いきや、松陰が謳った外国との友好や討幕への激しい文句が「尊王攘夷」と穏やかなスローガンになっています。「尊王攘夷」という言葉には、松陰の「やむにやまれぬ大和魂」への強い思いが入っていません。討幕に参加する志士には討幕は「命懸け」の戦いになります。命懸けの戦いが尊王攘夷と当り障りのないスローガンになっている現象。

維新後の新政府は、国民が政治家を選挙で選ぶ「議会政治」を敷き、外交は「文明開化」へと外国へ門戸を開く外交に大きく舵を切っています。討幕のスローガンが差し障りのない尊王攘夷となる不思議さ。ここに私は日本人の枠社会、絆文化を見ます。同時に私たち日本人が先見力のあるカリスマを認めない社会である事をよく物語っていると思います。

私たちは幕末のドラマを小説やテレビでよく見聞きします。薩摩の西郷隆盛や土佐高知の坂本龍馬、そして徳川の幕臣・勝海舟等の活躍ぶりに目を奪われ、ドラマを楽しんでいます。

だが、不思議な事にドラマで松陰は少しだけ「話題」に出てくる事があっても、松陰が主人公として「登場」するシーンを見る事がありません。この事は日本人がカリスマ的人物を認知し辛い、親しみを感じない人種である事をよく物語っています。

枠社会を形成し、「いま、ここの精神」で生きる日本人は、非日常的な先見性のあるカリスマを認知する事を厭《いと》い、それが松陰がテレビに出演しない事にも繋がっています。

吉田松陰のアメリカへの渡航と強い討幕精神、そして松下村塾で高杉晋作等の維新の志士たちの育成、維新後は2人の総理大臣と政治家の輩出。

松陰の予知力、予見力の才に改めて驚かされもしますが、私は吉田松陰は、近代日本を代表する日本版カリスマの第1号に該当する人物だと、見立てています。

日本版のカリスマの存在 その❷

前稿では近代日本に的を絞り、日本版のカリスマ第1号として、討幕への強い思いを打ち立てた吉田松陰を挙げて話をしました。

維新後の日本は明治、大正、そして昭和を経てアメリカとの戦争を終え、現代は令和の時代となっています。

維新後の日本の歩みを大雑把に述べてみますと、新政府の政策は、討幕時の「尊王攘夷」でなく、「議会政治」と「文明開化」に舵を切り替えています。だが、日本は途中で「富国強兵」となり、最後は日米決戦と目まぐるしく変化し、日本は終戦を迎えています。

明治維新から終戦迄の期間は77年を要していますが、この間に日本は10年に1度位の割合で他国と戦争や事変を繰り返し起こしています。10年に一度の戦争や事変を繰り返した日本、私は慌ただしく走り続けた日本の先人の生き方に驚きを感じます。

明治維新から終戦迄の日本の77年間を人の人生に置き換えてみると、日本人は考える暇もなく走り続けた人生となり、良い悪いは別として、当時の人たちのタフさに驚かされもします。走り続けた日本の先人ですが、ここにも私は日本でカリスマが誕生しない理由が見えます。

カリスマは先見力のある人を言います。先見力とクル、クル変わる日本の政治。二つは間尺の合わないコンビになります。やはり日本は、カリスマが誕生しない土壌があります。

カリスマが誕生しない日本ですが、本稿は日本版カリスマを求めるため、戦後から現在の77年間と期間を限定して日本版のカリスマの有無を話してみたいと思います。

終戦後の日本の政治と経済は混乱を極めており、日本は一からの出直しをしています。戦後の日本の混乱を治め、平和な日本政治の礎を築いた人物は日米安全保障条約を結んだ「吉田茂」です。経済では経営の神様と称えられ日本経済再生のシンボルとなった松下電器産業の創業者「松下幸之助」がいます。

更にもう一人、戦後から現在の日本に至る間で絶大な人気を誇った人物に田中角栄がいました。田中は小学校出乍ら首相となり、いま太閤と迄言われた人で、戦国時代だったら一国一城の主でなく、日本を統治する将軍に迄も成り得た程の英才の人です。

彼は列島改造ブームを巻き起こし、日中国交正常化も果たした異色の才人です。だが、残念な事にロッキード事件の収賄罪で逮捕され、2年5カ月の短い任期で首相の座を降りています。田中は以前から金銭問題で話題になる処があり、収賄罪に繋がる萌芽がありました。

カリスマは、博覧強記や世相に長け、人気のある才ではありません。カリスマは正しい日本のあるべく姿を読む「先見力」の才が必要不可欠です。

田中は何事にも精通し、庶民宰相で天才だとも言われた人で、彼の才の凄さに驚かされるものが多くありました。だが、彼は日本を正しい方向へ導く予知力、先見力に欠けた処があり、残念ですが、日本版のカリスマに該当しない人物となります。

現代版の2人のカリスマ

日本はカリスマが出難い社会風土があり、仮にカリスマが出現しても吉田松陰の例を見る迄もなく枠社会、絆文化はカリスマを認知しない文化があります。カリスマに対して日本は特殊な反応をする処があります。

それを承知で現役で活躍している人に的を絞って現代版のカリスマを選んでみると、私は政治家では自民党の安倍晋三氏、経済界ではソフトバンクグループの社長兼会長の孫正義氏の2人を現代版のカリスマとして挙げてみたいと思います。

2人は現役の人物です。一般に人は現在活躍している人には、好き嫌いの感情が伴います。過去の人物ならば、多少の不都合や思想の違いがあっても人は目を瞑《つむ》るもので、逆にその人の優れた点を見つけ出し褒め称えたりするものです。

社会も変わります。特に主義主張が異なり欲動が渦巻く政界は思いもゆかぬ状況の変化が起こったりもします。それを承知で私は安倍さんと孫さんの二人を日本版のカリスマ候補者と位置づけて話を進めてみたいと思います。

安倍さんは、首相任期が前期と後期を合計すると計8年8カ月となりますが、首相在任中に、TPP（環太平洋経済連携協定）推進を担い開かれたインド太平洋構想の発案者だとも称されています。彼の業績から分析してみますと、安倍さんは先見力にプラスして国内、国外の人々に訴える告知力が長けた人だとする印象が強くあります。

安倍さんは現在67歳の現役の政治家。安倍さんはいま尚活躍し、自民党最大派閥の代表者です。再登板して首相になり、更に任期を伸ばす事も予想されます。

しかし、それだけでは単なる記録保持者で終わり、カリスマ候補者に値しません。日本は米中の狭間に立地していますが、アメリカと中国は相克の関係にあり

ます。そしていまヨーロッパではロシアのウクライナ侵攻で戦争状態になっていても
います。

安倍さんはご自身が持つ人間力にプラスして日本の存在を世界に知らしめ、世界平和の仲介をし、私たちを安心させる政治を行う事で日本版のカリスマ候補者となります。

一方の孫さんは、日本人が得意とする製造業に無縁の処があり、加えて膨大な借金、現実はそれ以上の資産保有者だとも言われています。だが、孫さんは日本で最大の投資会社「ＳＢＧ」を設立している現役の創業者です。経済は見えない原理が作動する事から先を見通す先見力のカリスマが必要不可欠となります。いまのままでは孫さんは単なる大金持、金満家で、カリスマ候補者として挙げる事は適いません。

孫さんは日本を世界経済の中の一国として世界に知らしめ、日本経済再生への指針を立ち上げ、且つ私たちに生きる勇気と方向を与えてくれる必要があります。

私が二人を現代のカリスマ候補に挙げた理由の一つは、二人の笑顔に「孤影」

が映っているからです。

人は力のある人に本能的に頼る処があり、指導者もそれを自覚して堂々と自信あり気に振る舞うものです。ならば二人の笑顔に孤影が映っているとする私の見立ては分かり難い話になります。

私が二人に孤影観があるとする主張を正確に言えば、安倍さんは日本の存在を世界に知らしめる「告知力」「人間力」、孫さんは変化する世界経済の先を読む「予知力」と「企画力」が笑顔の中に映っているとする見立てです。

カリスマは皆と同じ事を考えて実行する才でなく、一人になって冷静に先を見通す事の出来る非日常的な才の人を言います。二人の笑顔に映る孤影は見えない先を見据えている「予知力のある人独自の笑顔」になっています。

天才として英雄視され、且つ博覧強記の才があり、「いま太閤」と言われ人気のあった田中角栄の顔は自信に溢れ、それが国民を引き付ける笑顔になっていました。だが、彼の顔には孤影の影が映っていませんでした。

孤影は自信ではなく、思い込みでもありません。「謙虚な精神で生き、一人で先を見ることが出来る人」の笑顔です。一人になり切って先を見る二人の笑顔には「カリスマとは何か?」を理解する、ヒントが映っています。

いまの世界は、多様化する世界とグローバルな組織、そして情報化社会です。日本は狭い枠に閉じ籠る生き方でなく、広く世界を見据え、海洋国・日本の将来を予見するカリスマ的才の人が必要となります。

私たち日本人は、好き嫌いの感情でなく、カリスマ的人物を正しく理解し、カリスマを応援し、「応用」して生き抜く必要があると思います。

(本稿は安倍さんが銃撃事件に遭遇する前に書いたものですが、敢えて訂正せず、現代版の日本のカリスマ候補者として掲載した事をお詫びします。同時に安倍さんの御遺族の方々にお悔やみを申し上げます。)

第4章

グローバル社会での日本と世界のギャップ

いまの世界は多数の国々が存在して多様化した状況になっていますが、一方でそれぞれの国は自国と価値観を共有する国々とグループ化を目指しています。

その流れとして新興国や途上国の国が集まるグローバルサウスやＧ５、Ｇ７等の先進国がそれぞれ集まってグループを形成し、互いが存在を競い合う世界になっています。

このような状況下、ヨーロッパではロシアが自己中心の地政学に基づくウクライナ侵攻を行い戦争状態に陥っていますが、世界の平和と安全を導く事を目的とする国連が機能マヒの状態に陥っています。

多国化、多様化する世界と価値観の異なる組織、ロシアのウクライナ侵攻、そして国連の機能不全。この流れは偶然でなく、これから世界が混乱する前兆になっていると、言えなくもありません。

多数化する世界と価値観の異なる組織の誕生、そして情報化の三つは不即不離というより必然性があります。三つが上手くマッチすれば世界が発展と平和に、逆にバランスが崩れると世界が混乱に陥り、場合によれば第3次世界大戦が起こりかねない危険性さえあります。

本章では混迷する世界の下、日本と世界、日本と欧米のギャップ、中でも日本人と欧米人が考える「自由」と「平等」の概念の違いについて論じ、これから日本が進むべく指針、方向を話してみたいと思います。

アメリカは海洋国家である⁉ その❶

第1章で日本の隣国・中国の中華思想と儒学政治の矛盾について話をしましたが、本稿では日本の同盟国・アメリカ人の生き様に焦点を当て、アメリカとはどんな国か、そしてアメリカ人の本質について話をしてみたいと思います。

1492年にコロンブスが発見したとされるアメリカは、ドイツ、フランスそしてイギリス等のヨーロッパ各国からの移民で成り立っている国です。アメリカが独立宣言した1776年の当時は、イギリス人の数が70％前後を占め、トップと言われていました。

私たちは過去の経緯から、アメリカは「イギリスの植民地」だとするイメージを持つ人も多いと思います。

だが、独立後のアメリカの人口は、ドイツからの移民が増え続け、2000年に行った調査ではドイツ系が15％で、イギリス系は8％と逆転されています。現在のアメリカは、ヨーロッパ人以外の人も加わり更に多様化が進行していますが、総体的に6人に1人がドイツ系の人が占めている事になります。

アメリカは移民の国ですが、そのアメリカの母国に当るヨーロッパは、狭い地域に色々な国や民族の人たちで成り立っている地政学条件下になっています。これを受けアメリカ人の思想はヨーロッパ人と同じように広く普遍性を重んじる思想になっている、と思う筈です。

だがアメリカ人は、母国ヨーロッパ型の普遍性を求める生き方でなく、アメリカ独自の独立を主張する国家です。

ヨーロッパと移民国アメリカの特徴は、独立宣言時に掲げたそれぞれのスローガンに表れています。フランス革命のスローガンは「自由、平等、博愛」となっています。一方のアメリカの独立宣言は「自由、平等、独立」となっています。

移民の国・アメリカの特徴は、広く普遍性を第1義とする国家でなく、アメリカの独立宣言にあるように、ヨーロッパからの独立を目指し、アメリカ独白の主張をする国になっています。

自己の独自を主張するアメリカですが、一般的にアメリカの特徴は日本と比べると広い国土を持っている国と映ります。この感覚は日本人だけでなく、世界の多くの人たちが思っている感覚です。

それを受け世界の多くの人たちは、アメリカを言い表すものとして、「アメリカは自由の国であり、世界1の経済、軍事大国、そして広い国土を有する大陸型国家だ」とするイメージを持っています。

だが、私は三つ目のアメリカが「大陸国家」であるとする主張に同意出来ません。アメリカは世界の国々と比べると領土の広い大陸国家に見えますが、東西に遙かに広い海に挟まれた「海洋国家である」とするのが私の見立てです。

人は通常相手の人を評価、判断する場合、自分の立ち位置やスタンスに基づいて相手の判断を行います。国への判断も同じ事が言え、自国の感覚、スタンスで相手国の判断をする傾向があります。

だが、私はアメリカは広い国土を有しているものの、実態はそれ以上にとてつもなく広い大西洋と太平洋に囲まれた「海洋国家」だと見做す事が、アメリカへの正しい認識だと思います。次稿でアメリカが海洋国家である実情を話してみたいと思います。

アメリカは海洋国家である!? その❷

前稿でアメリカが世界の大半の国の人たちが思っている大陸国家でなく、アメリカが海洋国家である事を話しました。本稿では、近代哲学の視点を通してアメリカが海洋国家型の国である事を話してみたいと思います。

「哲学は人の生きる根本原理を究める学問」とされていますが、哲学は近代に入ると二つの思考形態に分類して説明されています。

その一つは、ヨーロッパ大陸のドイツやフランス人が発想する大陸型合理主義の哲学です。狭い上に多くの国が存在するヨーロッパでは、自国だけの理屈の主張は、混乱の基になります。

ヨーロッパ人の基本的な思考スタンスは、相手国の考えを否定するのでなく、広く普遍性のある考えが必要となります。これを受け大陸型の哲学は相手の意見を止揚しより高次の考えを打ち立てる正反合の弁証法的思考が主流となっています。

一方大陸から海を隔てて存在する海洋国・イギリス人の哲学は、大陸型の普遍性を重んじる思考でなく、ロックが説く、自己の体験と観察に基づいて法則性のある答えを求めるボトムアップの帰納法思考となっています。

ヨーロッパのような狭い地域で歴史や文化、そして言語も異なる状況では、基本的に各国が自前の論理を振りかざしての主張ではラチが明かなくなり、ヨーロッパで大陸型の普遍性のある哲学が主流となるのはそれなりに合理性があります。

だが、同じヨーロッパでも海を隔てて存在するイギリスは、大陸型の合理主義と一線を画してイギリス独自の海洋型哲学になっています。

イギリスは現在、EU経済連合を離脱して独自の生き方を選択していますが、EUから離脱する政治は、イギリスが海洋型の経験主義に基づく哲学思想と同じ流れになっています。（参考迄に話しますと、日本は海洋国家であり、イギリスと同じ帰納思考をする処があります。だが、日本は自分たちの周りに枠を設け、枠内で具体的に一つの答えを求める思考になっています。イギリスは、枠を設ける事なく法則性のある答えを求めるボトムアップ思考法となっています。同じ海洋国であり、帰納思考をしてでも日本とイギリス人の思考には相異があります。）

アメリカは広い国土と資源を持った移民国です。通常ならば移民の国アメリカ人は、大陸型の普遍性を重んじる思考になる筈です。だが、移民したアメリカ人の足跡を辿ってみると当初はヨーロッパに近い東部での居住を行っていましたが、その後多くの人たちは西部開拓へと乗り出しています。

移民したアメリカ人が東部に留まらず、西部開拓に向かった事は、アメリカ人が大陸型の普遍主義でなく、イギリス型の経験主義に基づく自分たち独自の思考をする民族である事と繋がっています。

いま起こっているロシアのウクライナ侵攻における各国の支援の内容を分析してみますと、EU諸国はウクライナ支援を行っていますが、その内容は「ウクライナの領土の保全と自由を守るためだ」としています。これはヨーロッパの複雑な地政学が絡んだ普遍性に基づいた支援になっています。

一方ウクライナと海を隔てているアメリカは、ウクライナ支援を「ウクライナの自由を守るための戦いと位置づけて」支援を行っています。これはアメリカが普遍性でなく、海洋型の自由を旗印にした独自のウクライナ支援となっている事を物語っています。

ウクライナ支援で、私たちはイギリスとアメリカが歩調を一つにして活動しているのをニュース等でよく見聞しますが、一連の同一行動は、アメリカがイギリス型の海洋国家である事をよく物語っています。

アメリカは中国の台湾統一構想に対して「曖昧戦術」で対峙しています。だが、台湾が中国から武力で実際に攻撃されれば、バイデン大統領は「アメリカは自由な台湾を守るためには武力で中国と対応する」と公言しています。「もしトラ」のトランプ氏が大統領に返り咲いて彼独自の政治を行っても大陸国家・中国への対応でアメリカは海洋国としての行動を採ると、私は見立てています。

最近のアメリカはやたらと太平洋に関心を寄せている観があります。フィリピン軍との緊密化、日本と豪州の共存を強めたり、インド太平洋構想の推進国となっているのもその流れの一環です。

「アメリカが海洋国である」とする私の見立ては、意外性のある考えになると思いますが、一方で海洋国・日本にとって「アメリカが海洋国」だとする見解は、好ましい「発見」になるのではないかと思います。

海洋国・日本は、イギリス、そしてアメリカと組み、新しい視点での「海洋国同盟」を検討する事も楽しみな生き方になりますが、同時にこれからの日本の指針にもなると、私は見立てています。

日本と欧米は自由観に違いがある!? その❶

いまの私たち日本人は、欧米人と自由と民主主義の理念を共有して生きていま す。民主主義社会とは、国の主権が国家でなく国民にある事を言いますが、その場合国民に自由と平等が保障される事が前提となります。

民主主義社会は、自由と平等が付きもので、二つは連動、連結して解釈されており、これを受け「自由」だけ、或いは「平等」だけの世界観は、不完全な民主主義となります。

日本の先人は、昔から米作りで自然に対応して生き抜いた事から、周囲に枠を設け、枠内で皆と共同、協力する社会になっています。これを受け日本人は、「互いを思いやる精神」を大切な要素と位置づけています。

私は日本人の相手を思いやる精神は、日本人が世界に誇ってもいい日本の「特性」だと思っています。ですが、日本人が相手を思いやる精神に対し韓国やアメリカからは「日本人の思いやり精神は自分たちを優先させる都合のいい自由になっており、他国民への平等意識が欠けている」とよく指摘します。

その指摘が本当であるのであれば、私たちは「自由とは何か？」を考える必要がある事になります。

日本人の特性である筈の思いやりの精神が海外、特に韓国やアメリカから批判の対象になっている不思議な現象を「何か」と尋ねてみると、韓国人は日本人の「忖度」を、アメリカ人の多くは「入札時における談合」を例に挙げて説明します。

私たち日本人は、枠内で皆と協力し合って生きていますが、仲間内で不祥事が起こった場合、私たちは互いを庇い合う「忖度」精神を発揮したりしています。また公共工事の入札では、無駄を避けるため予め受託者を事前に決める「談合」を行ったりもします。談合は、マスコミでよく報道されている事から知っている方も多いと思います。

日本人が大切にする思いやり精神に対し、韓国人は「戦前の日本人は朝鮮人を平等に扱っておらず、自分たちだけの思いやり、それが忖度に表れていた」と主張しています。一方アメリカ人は、日本で行う国際入札で「日本人は自分たちの利益を優先して談合で業者を選んでおり、これは平等を前提にする競争入札のルールに反している」と指摘します。

私たちは思いやり精神が内向きになる事を「余り気付いていない」処がありま す。それ故「思いやり精神が自分たちだけの忖度、談合になっている」と指摘されると「そうかなぁ」と思う処もあって、私たちは反省する必要を認めます。

だが、私の友人のイギリス人は、日本人の自由観は「倫理に欠けた歪な自由になっている」と、思いもしない指摘をします。

日本人の枠内の思いやり精神が自分たちを優先させ、それが基で忖度や談合になっているとする海外からの非難は分からなくもありません。だが、私たらが大切だと思っている自由が、「倫理観に欠けた歪な自由観になっている」とする友人の意外な指摘。

民主主義の下で生きる私たちは、自由と平等の価値観の共有は、互いに欠かせない大切なものだと認識しています。その意味で日本人の自由観が「倫理に欠け、歪な自由観になっている」とする友人の指摘に誤りがなければ、日本人の存在そのものを否定し兼ねない話になります。

私は友人の指摘を吟味し、欧米人が考える「自由とは何か?」「平等とは何か?」を改めて追い求めてみたいと思います。

日本と欧米は自由観に違いがある!? その❷

前稿で話したように「日本人の思いやり精神や文化がねじれて付度や談合になっている」とする海外からの批判は、残念ですが、認めざるを得ません。だが「日本人の自由観は倫理に欠けている」とする私の友人の指摘は、日本人が否定されたようにも聞こえ「自由とは何か」を、改めて考える契機にもなります。

そこで友人が指摘する「倫理」の意味を辞書で求めてみると、倫理は「人として踏み行うべき道、道徳」と記されています。倫理の意味が人間として踏み行うものだとすれば、日本人の自由観が道徳に欠けた自分勝手の自由となり、価値観の共有を目指すグローバル社会の今日、日本人の生き方が危うい生き方になる事に繋がります。

複雑な地政学条件下で生きるヨーロッパ人の共通する思考は、自国だけの論理や主張は間尺が合わなくなり、人々は原理や本質、そして神の意を頂点に発想する仮説思考、即ち演繹思考になるものです。

ヨーロッパ社会で哲学が発祥し、そしてキリスト教が誕生しています。そのヨーロッパでは二つにプラスして更に古くから自然科学も発祥しています。

自然科学は、宇宙天体やその下で存在する太陽や星等の人の目に見えるものを対象にした学問になっています。自然科学は哲学や唯一絶対神を信仰するキリスト教と異なり、見えるものを対象にした学問になっている事から、私たち日本人にもある程度親しみが持て、理解し易くなる学問となります。

その自然科学は「原理と法則」の定義で原理を太陽や星を入れ込んで具体的に説明しています。私は自然科学の原理と法則で規定されている内容を理解する事は、欧米人が考える演繹思考や自由観を理解する「ヒント」になり得るのではないかと見立てています。

日本人の私たちには馴染めない処がある演繹思考ですが、次稿その③で、自然科学の「原理と法則」で定義されている内容を解説し、欧米人が考える演繹思考と自由観の本質に近づいてみたいと思います。

日本と欧米は自由観に違いがある!? その❸

自然科学で定義されている「原理と法則」の内容を紹介しますと「原理(principium)は基礎的で普遍性のある命題である」と規定しています。更に「原理はそれ自体で独立しているが、原理の周辺に存在する個体は、原理に対して相対、因果の関係にあり、且つ原理に対し法則的な動きをする」とする内容となっています。

自然科学の「原理と法則」の定義を具体的に解説しますと「宇宙天体を支配す

る原理は、絶対であり、これに対し原理の下に存在する太陽や星は原理に対して相対的、他律的であり、原理に対し外れた行動を取る事が適わず、太陽や星は原理に対し決まったように動く、即ち法則的に動く」となります。

自然科学は哲学や唯一絶対神と異なり、人の目で見える宇宙天体を対象にしている学問である事から「原理と法則」の内容は具体性があり、分かり易い説明になっていると思います。

だが、見える宇宙天体と雖も宇宙の背後は無限の世界であり、実相はブラックホールで分からないものとなります。それ故見える宇宙天体を研究する自然科学は残念乍ら「仮説」の学問となります。

演繹思考をズバリ表現すると見えない原理や本質を仮説化して考える思考となります。見えない原理や本質を仮説化して考える演繹思考。ここに演繹思考の本質があります。

欧米人が考える哲学や唯一絶対神のキリスト教、そして宇宙天体の自然科学は、見えない原理や本質、そして創造主等を仮説化しそれらを社会現象に入れ込み、方向、法則性のある答えを求める演繹思考になっています。

欧米人が考える自由もこの範疇にあります。彼らの自由観は仲間内の相手を思いやる自由でなく、演繹思考での自由、即ち「神の下での自由」となっています。自由もこの考えの下で成立する自由観となります。欧米人の自由観は、「見えない神の下での自由」となっています。欧米人の自由観は自分たちや仲間内での自由でなく、神の下での自由となります。見えない神の下での自由とは分かり難い表現になりますが、ここにも欧米人独特の人間観が存在しています。

欧米人の考える基本的な人間像は「人間は欲望を持っている」と位置づけています。人の生きる根本原理を考える哲学で、哲学の祖と称されるソクラテスは、「人間は欲望を持つ半人前（ダイモーン）」と位置づけて哲学論を展開しています。キリスト教もこの流れを受け継いでおり人間は絶対神の下相対、他律的な存在と位置づけて布教しています。

欧米人の人間観は、「人は欲望を持つ相対的な半人前の人間だ」と位置づけています。これを受け自由は自分たちだけの都合の良い自由を排除し神の下での自由となります。

イギリスの友人が「日本人の自由は倫理観の欠けた自由観になっている」とす

る指摘はこの流れに沿った指摘になっています。

仮に日本や日本の周辺で仮に不測の事態が起こった場合、欧米人が日本人の考える自由が「倫理観に欠けた自由」になっていると判断すれば、私たちは諸々の面で影響を受け、欧米からの支援が得られなくなる恐れさえあります。

残念な事ですが私たちは、欧米人と社会構造の違い、文化の違いがあり、私たちはその事をシカと認識して欧米人と対応する必要があると思います。

貧富の格差が少ない日本社会

日本と欧米は、地政学条件が異なっている事から社会構造の違いになっています。社会構造の違いは人々の生き方や考え方の違いに繋がり、それが基で日本と欧米は自由観が異なったものになっている旨の話をしました。

本稿では視点を自由から平等に切り替え、日本が欧米、そして世界と比較しても貧富の格差が少ない社会になっている事について、話をしてみたいと思います。
江戸時代の経済は、農民が作る米を幕府と藩が管理、統括する社会になっていました。武士は給金を米の禄高で受け取り、生活の糧にし、幕府と藩は余剰米を問屋を通して販売するシステムになっていました。

参考迄に申しておきますと、江戸時代と同じ頃のヨーロッパのイギリスは、既に産業革命が起こっており、生産体制は家内工業から脱して工場で生産しての経済になっています。1760年代に入るとイギリスで起きた産業革命は、ヨーロッパ全土に波及し、ヨーロッパでは各国が工場での生産を競い合う社会になっていました。

江戸時代の日本は、農民が85％前後占める米作りの経済統制社会です。幕府は厳しい労働下で仕事をする農民を擁護する必要がありました。

幕府は農民を優遇する必要がある事から士農工商の身分制度を設け、厳しい労働を強いられる農民を武士の次の身分に位置づけています。米作りを主体とし、農民が85％占める統制経済の下では、その分日本は貧富の格差が生じない社会となるものです。

江戸時代が終わり、身分制度を廃止し、明治維新となった日本は、資本主義の経済体制へと舵を切っています。資本主義社会は、資本家が利潤を目指す競争、効率の社会になる事から国民の間で貧富の格差が生じる社会になるものです。

だが、日本は枠社会、絆文化の社会です。日本は相変わらず国民の間で貧富の差が生じない社会を維持していました。日本は貧富の格差が余りない社会を維持した体制でアメリカと戦争を行い、終戦を迎えています。

太平洋戦争で敗戦した日本ですが、現在も尚日本経済は、GDPが世界3位或いはそれに近い水準を維持しています。日本は、資本主義大国のアメリカや社会主義で人口大国・中国と比べても、否世界の多くの国々と比較しても、国民に貧富の格差が余りない国を維持しています。そして日本は90%の人々が中産階級の人たちが占めているとも、言われています。

だが最近の日本経済は円安に陥り、海外の資源高もあって物価の高騰が目立ち「失われた30年」と言われるように、嘗ての勢いがない国となっています。日本がいまも尚90%の人たちが中産階級の人たちが占めているか、否かはともかくとしても、日本は総じて貧富の格差がない社会となっています。

マルクスは資本主義社会は、貧富の格差が必然的に生じ、その結果労働者が疎外されて革命が起こり、資本主義社会は社会主義、共産主義へ移行すると予測していました。

マルクスの主張に沿ったかのようにロシアで革命が起こり、社会主義国家のソ連邦が成立し、その後東欧をはじめアジアでも多くの社会主義国が誕生しました。だが、共産主義国家誕生の第1号だったソ連は歪な経済政策から崩壊し、いまはロシア共和国となっています。

日本は社会主義国になる事なく、資本主義社会を維持し、GDP世界3位の経済大国です。そして、日本でいま尚中産階級の人たちが多い現状は、日本人が絆文化を育み、それを維持した事が主な要因になっています。

もの事には何事もプラスとマイナスの両面があるものです。枠社会、絆文化は自由観で歪な考えを齎《もたら》す処がありますが、一方で日本に中産階級の人が多くいる現実は、日本が世界に誇る事の出来る日本の特性になっていると、思います。

男女平等思想は難しい処がある!? その❶

私の手元に「世界の女性議員割合・国別ランキング」（2022年度版）という調査資料があります。このデータは、毎年発表されている事からご覧になった方も多いと思いますが、残念乍ら日本は今年も世界163カ国の中で153位と下位にランクされていると報じられています。

資料は順位や数値を示しているだけで、それぞれの国情を説明した詳しい内容になってはいません。だが、女性に関するデータで日本は、ヨーロッパ諸国やアメリカを下回り、アジアのフィリピン、マレーシア、そして韓国よりも下に位がランクされています。

このランキング調査とは別の資料になりますが、女性管理職の割合でも日本の女性は、13・2％と下位になっている事が報じられています。

本稿では外国発の各種女性のランキング調査等を基に、日本女性の地位、そして日本で男女ジェンダー（性差別）があるか否かについて、話をしてみたいと思います。

いまの日本経済は円安に陥り、輸入物価が高騰し、人口減に入っている事から景気が下降してGDPが4位となり、これからは、それ以下にも転じる恐れがあると報道されています。だが、外国人の訪日数は常に世界の上位、それもトップに近い数値になっています。

円安で賃金が上がらず、かつての熱気がなくなっている日本経済ですが、インバウンド景気はすさまじいものがあり、日本で職を希望する外国人も円安なのにまだ多くいて、日本は依然外国人から人気の高い国になっています。

外国発の女性ランキング調査で日本が下位にランクされている報道に私たちはうんざりした気になりますが、日本の女性が日本男性を差し置いて外国の男性と結婚し、外国の定住を希望するという話も、余り聞く事がありません。

外国人が相変らず日本の文化に魅了され、日本への観光を希望し、賃金が安くなっても日本で職を求める人が多い実態。一方で外国発の女性の各種ランキング調査で日本の女性がいつも世界で下位になっているこのギャップ。この調査に私はいつも「本当かな?」と納得のゆかない気になります。

だが、私たちは、日本女性の地位が下位にランクされている外国発の調査に不信を募らせるだけにせず、調査の真偽と真因を確かめ、私たちに悪い処があれば是正し、正しく対応する必要があると思います。

次稿の②と③では、外国発の女性ランキング調査を日本の企業や日本の家庭の状況を絡めて話し、日本に男女のジェンダー（性差別）が存在しているか否かを、論じてみたいと思います。

男女平等思想は難しい処がある!? その❷

日本の先人は、昔から米作りに励み、変化する自然に対応して、自分たらの周囲に枠を設け皆と共同、協力する絆文化で生き抜いて来ました。

一方ヨーロッパは、狭い地域に国や民族が多く存在している地政学条件からヨーロッパ人は自分たちだけの理屈や主張ではラチが明かない状況にあります。

この事情からヨーロッパ社会は普遍性を重視する社会になる必然性がありました。

この流れを受けヨーロッパでは、哲学が発祥し、創造主を唯一絶対神と位置づけるキリスト教が誕生し、宇宙天体を研究する自然科学も生まれています。

日本と欧米の地政学条件が異なる事から社会構造の違いが生じ、人々の考えや生き方の違いに繋がりますが、企業やそこで働く人たちの「組織」への捉え方の違いにもなっています。

組織の形態を大雑把に述べてみますと、組織は「縦」と「横」の二つに大別されます。欧米人の思考は原理や本質を頂点に発想し、宗教では唯一絶対神の神を信奉する社会になっており、基本的に欧米の組織は縦の組織を重視する社会となります。

中でも多くの移民で成り立っているアメリカは、生産の効率を上げるため「トップダウン思考」を採る傾向が強くあり、アメリカ人は、総じて縦の組織を重視する国になっています。

一方日本は昔から米作りに精を出し、自分たちの周囲に枠を設けて絆精神を育くむ文化となっていた事から、日本は総じて横の組織に傾注する傾向がありました。

だが、日本は狭い割に人口が多く、且つ資源のない国である事から、能率を上げるため縦組織も採り入れ「縦と横の組織」を上手く絡み合わせる必要がありました。

狭く、資源のない日本が長期間GDPで世界3位の経済大国になっていた事実は、日本が世界に誇る事の出来る特性ですが、これは日本が縦と横の組織の「役割分担」を上手く応用している事が要因になっています。

日本の物作り産業は、縦と横の役割分担を上手く応用し、機能させての結果です。その代表が日本の製造業である、自動車産業です。

自動車産業は元々欧米で発祥した産業である事から、日本は総じて世界で後発メーカーになっていました。だが、日本の自動車産業は、縦と横の役割分担を行い、いまの日本車は質の高さ、安全性、そして価格の面で外国車を引き離して力を発揮しています。その自動車産業の代表格がトヨタ自動車です。

日本の製造業が実施している組織での役割分担は、日本が世界で生き抜くために欠かせない大切なものです。だが役割分担は企業だけではありません。日本は家庭でも役割分担を実施しています。

土地が狭く生産性が低かった日本の農家は昔から、男性は外での農作業、女性は外で農作業の手助けを行う傍ら家庭で子育てをする構図になっていました。最近の日本は農業国家でなくなっている事からこの風潮が薄らいでいますが、家庭での男女の役割分担は、日本の絆文化の延長線上にありました。

男女平等思想は難しい処がある!? その❸

欧米人の原理や本質を重んじたり見えない唯一絶対神を信奉する社会は総じてトップダウンの演繹思考となるものです。これを受け欧米人の組織への対応は、縦を重視する組織となります。中でも資本主義大国のアメリカは、効率を目指す必要から縦組織を重視する国になっています。

一方昔から自然の下で米作りに精を出し、絆文化で生き抜いた日本人の考え方は、基本的に帰納思考となります。帰納思考は、対象を横並びに並列して、見える化、具体化して考え一つの答えを出すようにする事から、日本の組織は総じて横の組織を重視する社会となります。

資源のない日本の企業が世界に伍して生き抜くには、横の組織だけでは無理があります。組織の大きい製造業は、総じて縦と横の二つの組織を組み合わせる役割分担を行っています。役割分担は日本企業に不可欠みたいな処があります。だが役割分担は、大企業の製造業だけではありません。日本は家庭でも役割分担を行う文化になっています。

耕地が狭く生産性の低い日本の農作業では、男性が外の農作業を担い、女性は男性の農作業の手伝いを行う一方で、子供の養育をする必要がありました。企業は効率を求めて役割分担を行っていますが、家庭内での役割分担は、効率に加えて家族の幸福感にも作用しています。

厳しく貧しい農家ではその分母親は外で農作業の手伝いを行いつつ、子供と絆を強める必要がありました。成長する子供にとって母親は必要不可欠な存在です。母親にとっても子供の成長が生きる糧となっていました。

私は写真で日本の一家団欒の光景を見る事がありますが、写真の中心は、多くが母と子供になっていて、父親は主（あるじ）でなく、傍らで安心した笑顔で写っています。この一家団欒の光景は、最近の女性が外で働くようになった事から薄らいでいますが、まだ家族に絆文化が残っている一コマだと、私は見立てています。

欧米は唯一絶対神のキリスト教を信奉する社会です。そのキリスト教は、信者の「自由な心」での入信をよく言及しますが、意外な事にキリスト教は男女平等に関して「言及」をしていません。

私の仮説になりますが、キリスト教は男女平等を言及しないものの、その代わりとして人々が平等を「理念」として打ち立て、人々が男女平等思想に対処している、と私は見立てています。

その典型をスポーツで見る事が出来ます。男女がスポーツで競えば、大部分で体力のある男性の勝利になると思います。これを受け欧米のスポーツは、男女が戦い、競うのでなく、男女を別々にして、競うスポーツにしています。

男女平等思想は、スポーツだけではありません。政治でも女性の立候補者を優先し、議員に選ばれた女性を優遇し、大臣だけでなく首相、大統領にも女性を登用しています。この考えは企業にも受け継がれ、企業は女性の管理職の数を明記したりもしています。

男女には性差があり、それぞれの能力に違いがあり、特徴も違いがあります。この有様を受け、欧米社会は男女平等思想を理念で対応し、日本は文化を絡めて対応していると、私は見立てています。

この双方の考え方や対応の違いがランキング調査に表れており、欧米人は「理念」でランキング調査を発信し、私たち日本人はランキング調査を「文化」で受信している事になっています。

もの事には何事もプラスとマイナスの両面があります。日本に男女へのジェンダー（性差別）が存在しているのであれば、私たちは是正する必要があります。だが、男女平等思想は、相手国の理念や自国の文化が入り込み、一口で優劣を言い表す事が難しいケースになります。それ故私たちは男女平等思想を論じる場合、複合し、総合的な視点で対応する必要があると思います。

第5章

特性を掴んで豊かな人生を

いよいよ本書も第5章で締めになります。第1章では、テレビに映る日本文化と日本の近隣に存在する国々の特徴を話し、第2章から4章は、日本と世界、特に日本と欧米の違い、ギャップをカリスマを通して話をしました。

最後の締めとなる本章は、人が求める幸福と厄介な欲望、そして誰もが持っている筈の自分の「特性」の三つを絡め、人間の幸福について話してみたいと思います。

幸福と欲望、二つはこの世を生きる人間にとって厄介な関係があって不即不離みたいな処があります。一方で人間は、自分の特性を持って生きています。

人間と欲望、人間と特性。二つの関係は、神が私たち人間に「如何に生きるか？」と問われた場合の「解となるヒント」があると、私は見立てています。

本章では人が願う幸福と厄介な欲望、そして誰もが持っている自分の特性の三つをギリシャ哲学と絡め、僭越を承知で日本人の幸福について私の考えを話してみたいと思います。お付き合い下さればと存じます。

人は分かった積りで生きている

動物は基本的に集団で生き、対象物を目と嗅覚で察知し乍ら本能で生きている処があります。人間も正確に言えば動物の範中に入ります。だが、人間は集団でなく個人単位、或いは家族と共に生き、考え乍ら幸福を求めて生きている処があります。

中世のルネサンス期の哲学者・パスカルは、著書のパンセで「人間は弱い一本の葦だ」と言っています。パスカルが説く「人間の弱い葦」論の意味は「人間は弱い一本の葦みたいなものだが、考える事で本質を得て光明性のある生き方が出来るようになる」とするものです。

パスカルが説く「人間の弱い葦」論は、幸福を求めて生きる私たち人間にとっては生きる灯となり、勇気を与えてくれる哲学になっています。だが、残念な事に現実の私たちは、考え乍ら光明を求めて生きても、誰しもが幸福になれるとは限りません。

人が考え乍ら生きても必ずしも幸福になれない現実は「人が思い込み」で生きている事に繫がっています。人が思い込みで生きる原因を更に追い求めてみると、人間の持つ「欲望」に突き当たります。

人が幸福を求め、考え乍ら生きても必ずしも幸福になれない原因が人間が持つ欲望であるのであれば、私たちは欲望を捨てて生きればいいだけになります。だが、欲望は一方で人間の生きる糧、生きるパワーみたいな処もあります。

欲望は人間の生きるパワーになる一方で、欲望が幸福への阻害要因になる矛盾。人間にとって欲望は厄介な代物になります。

パスカルが「人間は弱い一本の葦だ」とする考えは、人間が厄介な欲望を持っている事を前提にして哲学を展開しています。パスカルが前提にする人間像は、後程述べるソクラテスとプラトンの哲学で登場する「ダイモーン（半人前の人間）」と同一の人間像となっています。

幸福を求めて生きる人間と欲望、この世で生きる人間にとって欲望は、厄介な代物となります。厄介な欲望は、一方で国や民族の「文化」と似た処があります。

文化は、国や民族内の人々が育くみ、育てたものです。それを反映して文化は、そこで生きる人たちの生きるパワー、糧になっている処があります。人間が持つ欲望、人々が育み育てた文化。二つは、個人と人々と数で違いがありますが、人間にとって切っても切れない、不即不離のような関係にあります。

人間が持つ欲望、人々が育んだ文化。二つを強く押し出し、強調すればする程、他人や他国とソリが合わなくなり、紛争の種になる処があります。欲望と文化の二つはこの世を生きる人間にとって不即不離の関係にあり、同時に厄介な代物にもなります。

私たち人間は「弱い一本の葦」みたいな処があります。考え乍ら幸福を求めて生きても誰しもが思った通りにならない現実は、私たちが「分かった積り」で生きている事に繋がっています。

ソクラテスとプラトンが説いた哲学に人が生きる解がある

人は自分の幸福を求め、考え乍ら生きています。だが、人間は欲望を持っている事から分かった積りで生きるようになり、この世が思うに任せない人生になったりもするものです。

ならば私たちは、欲望を捨てて生きればいいだけになります。だが、欲望を持たない人生は一方で「何のために生きているのか?」と私たちに問い掛けるような処があります。

欲望を持たない人間は、人格者のように見えますが、欲望を持たない人は無人格、或いは無責任な人間のようにも見えたりもするものです。欲望を持たず無邪気に生きる大人は、人格者でなく、反って「薄気味の悪い人間」に映る事もあります。

人間が持つ欲望は、生きる私たちのパワーみたいな処があり、意外と複雑な処があります。これを受け「欲望と人間の関係は宿命みたいなもので、二つを分けて生きる事は無理がある」と主張する人さえいます。

欲望が人間の「宿命」だと言われると、私たちは重い気持ちにもなりますが、宿命の意味を辞典で求めてみると「前世から決まっているその人の運命」だと記されています。

人間が欲望を避けて生きる事が適わないとなれば、私たちは遣るせない気持ちになります。だが、教育者、中でも宗教に従事している人は「欲望は厄介な代物乍ら人間が生きる原理ではない」と、断言する人もいます。

そこで原理の意味を辞書で紐解いてみると、原理は「普遍的なもので物事の基礎となる」と記されています。原理が広く、基礎的なものであれば、原理は人間が持つ宿命より根本的で普遍性があり、心強い存在になります。

ならば私たちは原理を味方にし、応用して生きる必要があります。幸いな事にヨーロッパでは「人の生きる根本原理を究める学問」とされる哲学が古くから発祥しています。哲学が人間の持つ欲望をどう位置づけているかは、興味を引く学問になります。

その哲学で「哲学の祖」と称されるソクラテスは、人間を「全能の神に憧れる半人前の人間（ダイモーン）」と位置づけて、哲学論を展開しています。

半人前の人間とは、パスカルの「人間は弱い一本の葦みたいなものだ」とする人間と同一線上の人間像となっています。ダイモーンをズバリ表現すると「欲望を持つ人間」となります。

哲学の祖・ソクラテスは、自己が説くエロス論で「神に憧れる半人前の男女が手を携え階段を上る姿に愛があり、美がある」と語っています。

ソクラテスの弟子で、超越・人と称されるプラトンは、これを受けてイデア論で「美のある愛を求める生き方は善（幸福）であり、人が善を求める生き方は最高に価値ある人生になる」と説いています。

男女が手を携え階段を共に上る姿を捉え「そこに愛があり、美がある」と説いたソクラテス。これを受け「美のある生き方は善（幸福）であり、人が善を求める生き方は最高に価値がある生き方だ」と説いたプラトン。

ソクラテスとプラトンの二人が説いた哲学は、欲望を持つ半人前のダイモーンを前提にしての幸福論となっています。だが、欲望を持つ半人前の男女が手を携えて階段を上るように愛があり、美があると説いたソクラテス。そして美のある生き方は、最高の価値ある生き方になると説いたプラトン。二人の哲学には、人間が持つ「欲望」が消失しています。

日本には「言わぬが花」という諺がありますが、二人が説いた幸福論は、欲望に言及していません。つまり二人が説いた哲学での幸福論には、人間の持つ欲望が原理でない事を言っています。

半人前の人間には欲望が付きものであっても、欲望は人間の生きる原理でありません。私は二人が説いた哲学に、神が私たち人間に「如何に生きるか？」と問われた命題への「解となるヒント」があると、見立てています。

欲望を特性に切り替え、特性を掴んでこの世を生きる

前稿で話したように哲学の祖・ソクラテスが説いたエロス論と超越の人・プラトンが説いたイデア論には、欲望を持つ半人前の人間を前提にしての哲学となっ

ています。

二人が説いたギリシャ哲学は、2400年以上も前に発祥したとされていますが、いまも尚私たちの心に訴えるものがあり、改めて哲学の深遠さ、普遍性に驚かされもします。

英語では哲学を「フィロソフィ」と言いますが、これを受け哲学は知（ソフィア）と愛し求める（フィレイン）の合成語だとされています。

哲学の祖、そして超越の人と称えられる二人の説いた哲学は、人間の愛を語っている事から、哲学は「愛を求める学問」だと言われる所以にもなっています。

私も哲学が「愛を求める学問」とする説に同意しますが、私はプラトンがイデア論で「美のある愛は最高に価値ある生き方になる」と説いている事に着目し、「哲学は人間の幸福を究める学問だ」と、見立てています。

人間は、欲望を持って生きている側面が、それも強くあります。だが、二人が説いた「半人前の男女が手を携えて階段を上る姿に愛があり、生きる価値がある」と説いた哲学には「欲望」が消失しています。

幸福を求めて階段を上る半人前の男女の姿に愛があり、美があると説いた哲学には欲望が消失しており、欲望が人間の原理でない事を物語っています。

私はソクラテスとプラトンの二人が説いた哲学を受け、人間が持つ「欲望」を神から貰った「特性」に切り替え「人は神から貰った特性を掴んでこの世を生きる」とする特性論を皆様にお薦めしたいと思います。

だが、私の主張する特性論は、見えない暗黙知の神から貰ったものだとする内容になっている事から、特性が分かり難い話になります。

それ故私の主張する特性論は、難しい話になりますが、次稿以降で私の体験を入れ込み、特性を見える化、モデル化して説明してみたいと思います。お付き合い下さい。

破天荒な人生が私の特性への切っ掛けになっていた

私が主張する特性論での人間像は、ソクラテスが説いている半人前の人間像と同じ考えになっていますが、私は「半人前の人間は神から貰った特性を持っている」とする考えを基にして、特性論を展開しています。

私の主張する特性は「自分の才、能力」とは異なります。自分の才は、親から授かった遺伝子的な要素があります。例えば色が白い、背が高い、足が速い、記憶力が良い等の特徴がそれに該当します。

私の主張する特性は、親から貰った遺伝子的な才ではありません。また自分が努力して得た能力、才とも異なります。ズバリ表現すると「神から貰ったその人だけの才」です。

私たち日本人は、欧米人のように神の下で生きているとする人生観ではありません。両親からもそのような教育を受ける事もなく、私たちは育っています。私も多くの人たちと同じような環境下で育った事から「人が神から貰った特性を持っている」とする考えを持つ事はありませんでした。

「特性は見えない神から貰ったものだ」とする私の特性論を理解するのは難しい処があります。そこで分かり難い特性の意味を私の体験に絡め、出来るだけ具体的、モデル化して説明してみたいと思います。

私は大学を出て、「社会や人の役に立ちたい」と思い、私なりに努力をしました。だが、私は元々人に合わせるのが苦手な処がある事から努力しても、周りの人や環境と上手くゆかなくなり、20代の半ばの私は、アフリカ沖の洋上船での勤務を含め30に近い転職を繰り返しました。

転職を繰り返したその時期は、両親にも面倒を掛け、私にとっては破天荒な時期になっていましたが、苦悶しているその時に「生きるヒント」を掴みました。私が得た生きるヒントは「私は組織や会社勤めに向かない」一方で「社会や人の役に立ちたい」とする、二つの思いです。この考えは、いまも私の生き方のベースになっており、同時に私が提唱する特性への足掛りにもなっています。

私は転職する事で得た二つの思いの一方で、これからの日本は、全国的に土地開発に突き進むと予見し「不動産鑑定士になって社会、人々の役に立とう」と決めました。

とは言え、元々人に合わせるのが苦手な私です。私は歴史の年号や国語の漢字、英単語のスペル等の細かい事を覚える事に意味を感じていなかった事から、試験に不向きな処がありました。一方で私は、高校の頃から根本原理を考える哲学や経済の原理、法則等に興味を持つ変わった学生だった事から、国家試験なんかに向いている訳がないと思っていました。

だが、不動産鑑定士試験の内容は、幸いな事に行政法規以外は、経済、民法、会計、そして不動産鑑定理論等の全てが論文形式になっていました。

私はこれから日本は土地開発ブームが起こる事を予見し、怯む事なく不動産鑑定士試験に挑戦し、運よく1回で合格する事が出来、2年の実務研修を経た1年後に実施される3次試験もパスし、34歳で不動産鑑定士業をオープンする事が出来ました。

鑑定士業をオープンした1970年当時の日本社会の方向や状況を大まかに説明しますと、国は「これからの日本は、全国的な土地開発が必要だ」と位置づけていました。そして企業は土地を担保に銀行から資金を借り入れて経営する土地本位制の経済でした。

だが、土地価格の査定で国税と地方税で査定で違いがあり、これ等を反映して日本は土地価格がバランスを欠く状況にあり、不動産はトラブルが多く発生する環境になっていました。

諸々の事が輻湊していた日本社会でしたが、私は鑑定士業をマイペースで行い、行った仕事が悉く上手くゆき、トラブルに巻き込まれる事もなく、多くの人たちから感謝もされました。

不動産は金額が張る事から、その分トラブルの多い環境になりますが、私はマイペースで仕事を行っても諸々の事が上手くゆき、人々から感謝される環境。この時にいつも感じた不思議な感覚。「これは私の才でなく、神から貰ったものだとする」私の特性論のスタートになっています。

次稿①、②で分かり難い神から貰ったとする特性論を私の体験を入れ込み三角形のモデル化して「特性とは何か」を説明してみたいと思います。

三角形のチャート図で私の特性を説明する　その❶

本書の第2章では分かり難い演繹思考で貫かれているキリスト教の三位一体説

と欧米社会を説明するため、三角形のチャート図を作図して説明しています。

私は人と話をして話が難しくなった場合、話す内容を三角形のチャート図にして説明したりしますが、人も受け入れて聞いてくれたりします。本稿①と②で分かり難い特性の話を三角形のチャート図にして説明してみたいと思います。

私が鑑定士業をオープンした当時の日本経済は、土地本位制の社会でした。不動産価格は高額で、その上国税や地方税で査定法にバラつきがあり、トラブルの多い環境になっていました。

この様な状況乍ら、私の鑑定が上手くゆき、人からも支持された事で「これは私の才でなく天、或いは神からもらった特性」ではないかと、秘かに思い乍ら仕事もしていました。

だが、私が最初に不思議な感覚を味わった「切っ掛け」は、中学2年の時にスポーツクラブの順番を決めた時の司会にありました。

私の中学生の頃は、戦後から10年位を過ぎていた頃で、在学した中学校は、3校の小学校が統合された生徒数が1400人も居るマンモス中学校でした。狭い運動場を各スポーツクラブの学生が練習に励んでいた事からトラブルも度々起きていました。

私は3年生の生徒会長が決め兼ねていた「各クラブの運動の場所と順番」を決める司会を担任の先生から指名され、驚いたものの司会を引き受ける事にしました。私はそれぞれのクラブの部員数と意向を確認し、先生の話を参考にして各クラブの場所と順番を自分のペースで決め、それが上手くいった事で級友から褒められました。

だが、私は「当たり前の事をしただけだ」という気持ちだった事から、上手く行った司会を人から褒められた事に却って「不思議な感覚」を覚えていました。

3年になるとまた先生から司会を依頼されましたが、今度は断りました。すると教頭も加わっての説得となり、私は両親と相談しました。母は私が「人に合わせない処があるから、取り纏める司会は不向きだ」と言って反対していましたが、父が賛成した事で私は結局司会を引き受ける事にしました。

司会の内容は、前回と同じようなスポーツクラブに関するものでしたが、それも上手くゆき、先生や級友から褒められました。

人は原因と現象を一緒くたに考える傾向があります。私は中学生の頃から原因と現象は別物と位置づけており、私は原因と結果を一本の線に繋げて解決策を提示しました。

　私は当たり前の司会をしただけでしたが、それが上手くいき、人から褒められた事に却って「不思議な感覚」を覚えていました。その時の体験に基づいて作図したのが7図のチャート図です。

　私が中学生の時に行った司会は私の特性と繋がっている処がありますので、司会に関する話を続けて話してみます。

　社会人となった私は、20代で職場を転々としたあげく不動産鑑定士試験に挑戦して運よく合格出来ました。不動産鑑定士は2年の実務研修が必要であり、その期に実務研修を指

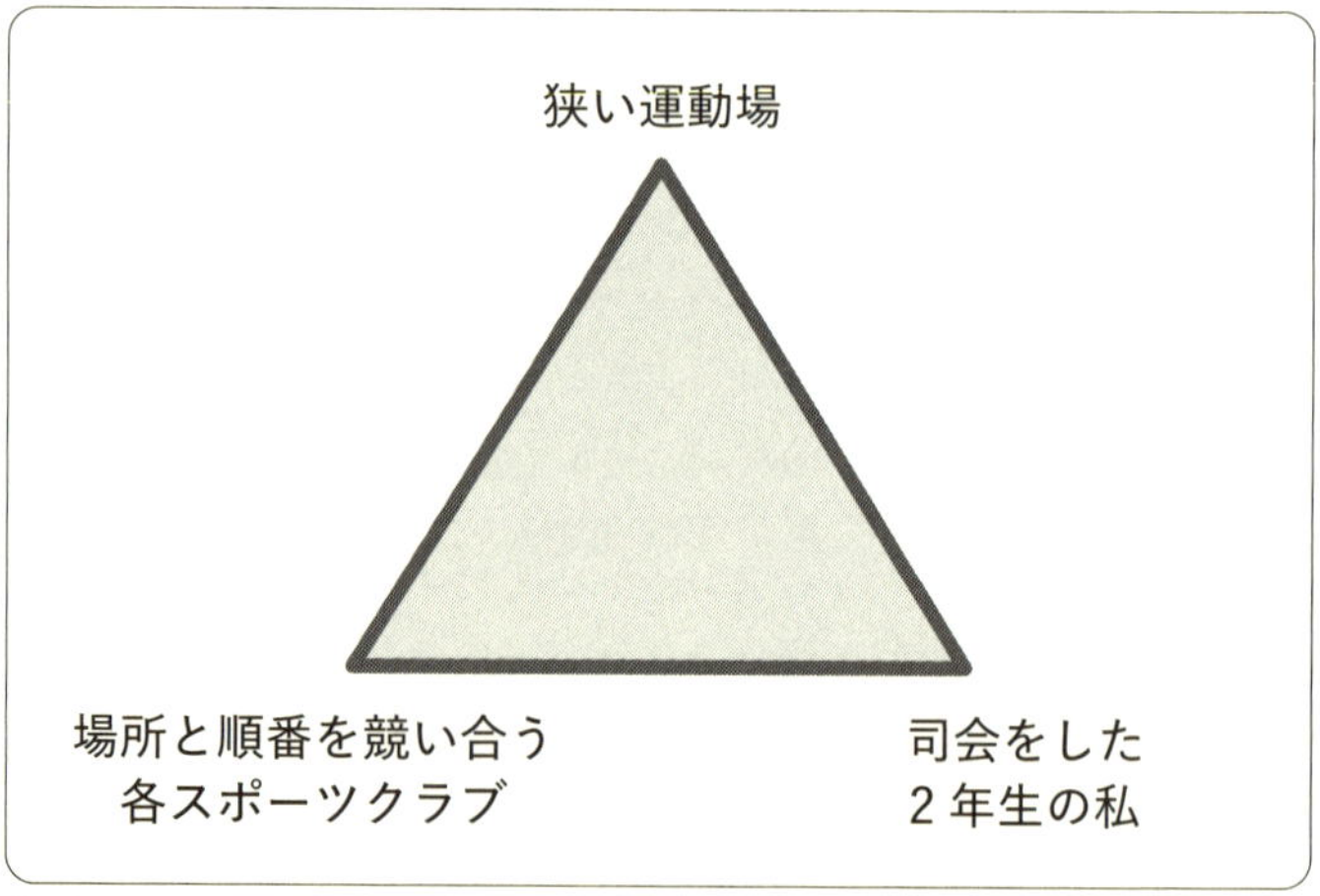

7図

導して下さった時の恩師の推薦があって、私は35歳で国から地価公示、県から地価調査の幹事を委託され、司会の役を担いました。

当時の日本は土地本位制の社会です。公示価格等は重要な日本経済の指標に位置づけられていた事から、公示価格等の発表は、テレビ、新聞等で、それもトップニュースとして扱われていました。

諸々の考えが輻輳する公示会議です。国や県は混乱を避けるため幹事の任期を長くて5年と決めていましたが、その司会を10年から15年間続け、それも全て上手く熟す事が出来ました。

私は諸々の事が錯綜する司会をマイペースで行い、それが上手くゆく事に感謝しつつも一方でいつも不思議な感覚を覚えていました。

三角形のチャート図で私の特性を説明する　その❷

私が不動産鑑定士業をスタートした当時の日本経済の状況は、日本は狭い上に資源も乏しい事情から企業は、銀行に希少な土地を担保に提供して経営をする土地本位制の経済社会になっていました。

この様な状況の日本でしたが、国はこれから日本復興のカギとなるのは「製造業」だと位置づけて、動力源を石炭から「石油」へと切り替え、全国に石油コンビナート造りを計画し、奨励していました。

とは言え石油コンビナートは、大規模な土地と道路整備を必要とする事から周辺の山や田畑での開発は無理な相談となり、日本は海面の埋立以外、方法がありませんでした。

私が育ったのは山口県の下関ですが、鑑定業をスタートさせたのは瀬戸内に面した周南地区の徳山です。当時の周南地区は、狭い5市で県内の42%の工業生産を誇り、15社程度の大企業が存在していた事から瀬戸内コンビナートの中核の一つに位置づけられていました。

その周南地区に鑑定業をスタートさせた私です。各企業から「待っていた」かのように、多くの鑑定依頼がありました。

だが、大規模な海面埋め立ては、費用が膨らむ事から売る国や県は、安価な売却では国民の批判を招くようになるので売る訳にはいきません。一方買う企業は、土地が高ければ取得が適わず、取得後の固定資産税も高額になり、経営が難しくなります。

私は「企業は採算が合わなければ手が出せない」と見立て、この考えをスタンスにして不動産鑑定基準に基づく収益価格を基本に積算価格を参考にして鑑定価格を決めました。

収益価格を基本にした私の鑑定価格は、売る国や県側と買う企業、そして国税と査定法が異なっていた固定資産税を管轄する市の四者が受け入れてくれました。合意は四者だけに留まらず、海面を利用し生活していた漁業従事者や周辺の土地保有者からの異議の申し立て等もなく、諸々の事が上手くゆきました。

日本経済が石炭から石油に転換する一方で社会は、１９７０年代に入ると人の移動、物の輸送が鉄道から車時代に移る予兆になっていました。

　この様な状況の下、今度は山陽自動車道の鑑定を国から依頼されました。だが、高速道路は道程が長くなる事から、地域間毎で利害が錯綜し、事態の混乱も予測されます。この様な事情を受け国が実施する高速道路は、原則二人の鑑定士が鑑定するようになっていました。

　山陽自動車道の鑑定は、地域が変わる毎に相方の鑑定士は交代していましたが、スタート地点以外は広島県の県境迄の長い道程の全地点を私だけ変わらず指名され、私はトラブルに巻き込まれる事もなく、全ての地域、地点の鑑定を無事終え

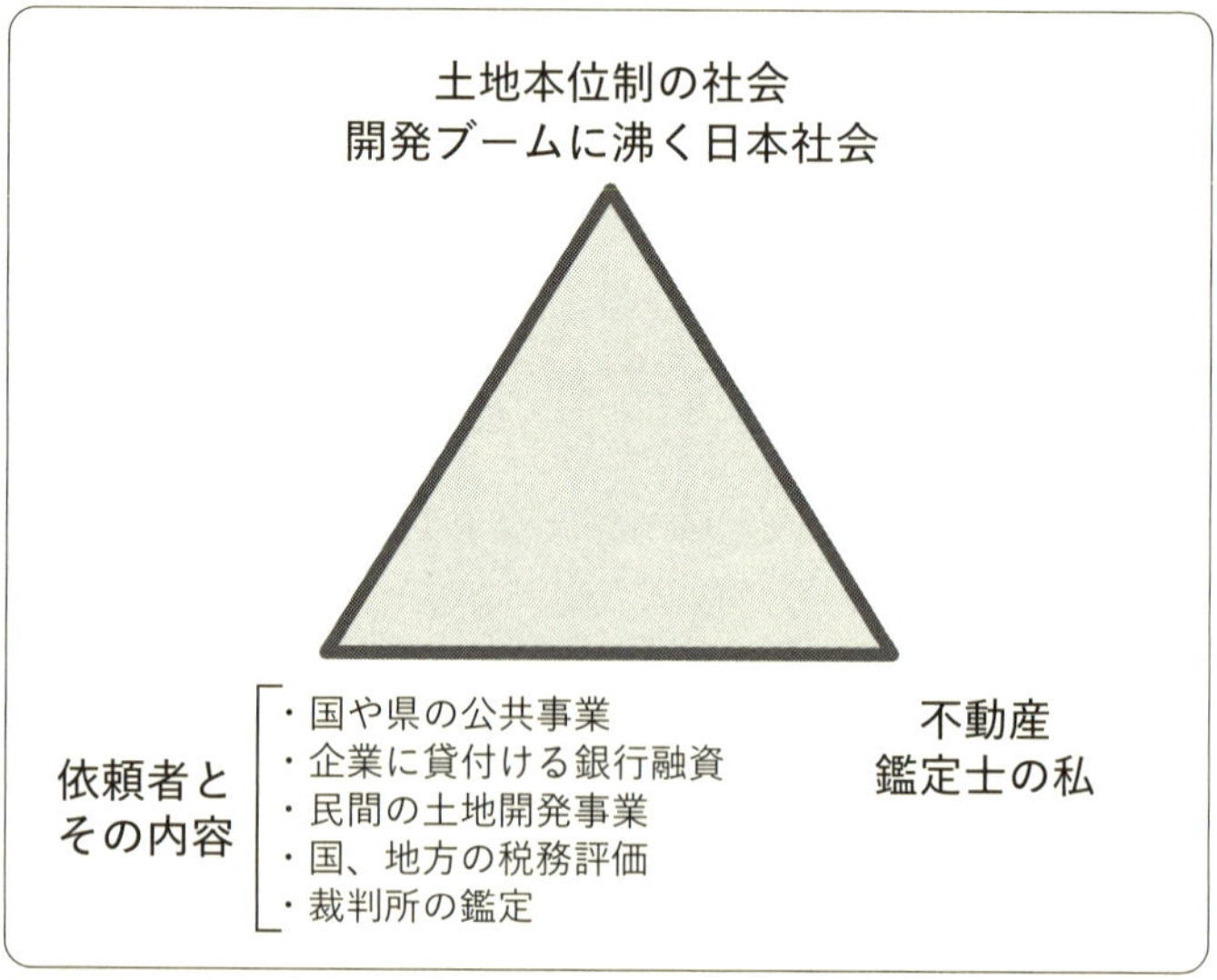

8図

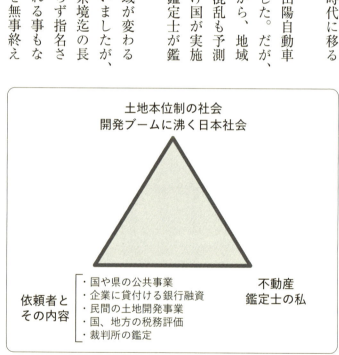

る事が出来ました。

土地本位制の日本経済と開発ブームに沸く日本社会を背景にした私の不動産鑑定業務でしたが、当時の私の体験をモデル化したのが8図です。


私は忙しい不動産鑑定士業を行う傍ら裁判所から調停委員へ委嘱の問い合せがありました。裁判所の鑑定委員は既に引き受けており、仕事の面でも色々とお世話になっていた事から調停委員を引き受ける事にしました。

担当した調停の内容は、主に企業間の不動産トラブルと親族間の不動産が絡んだ遺産問題でした。私はトラブルの内容

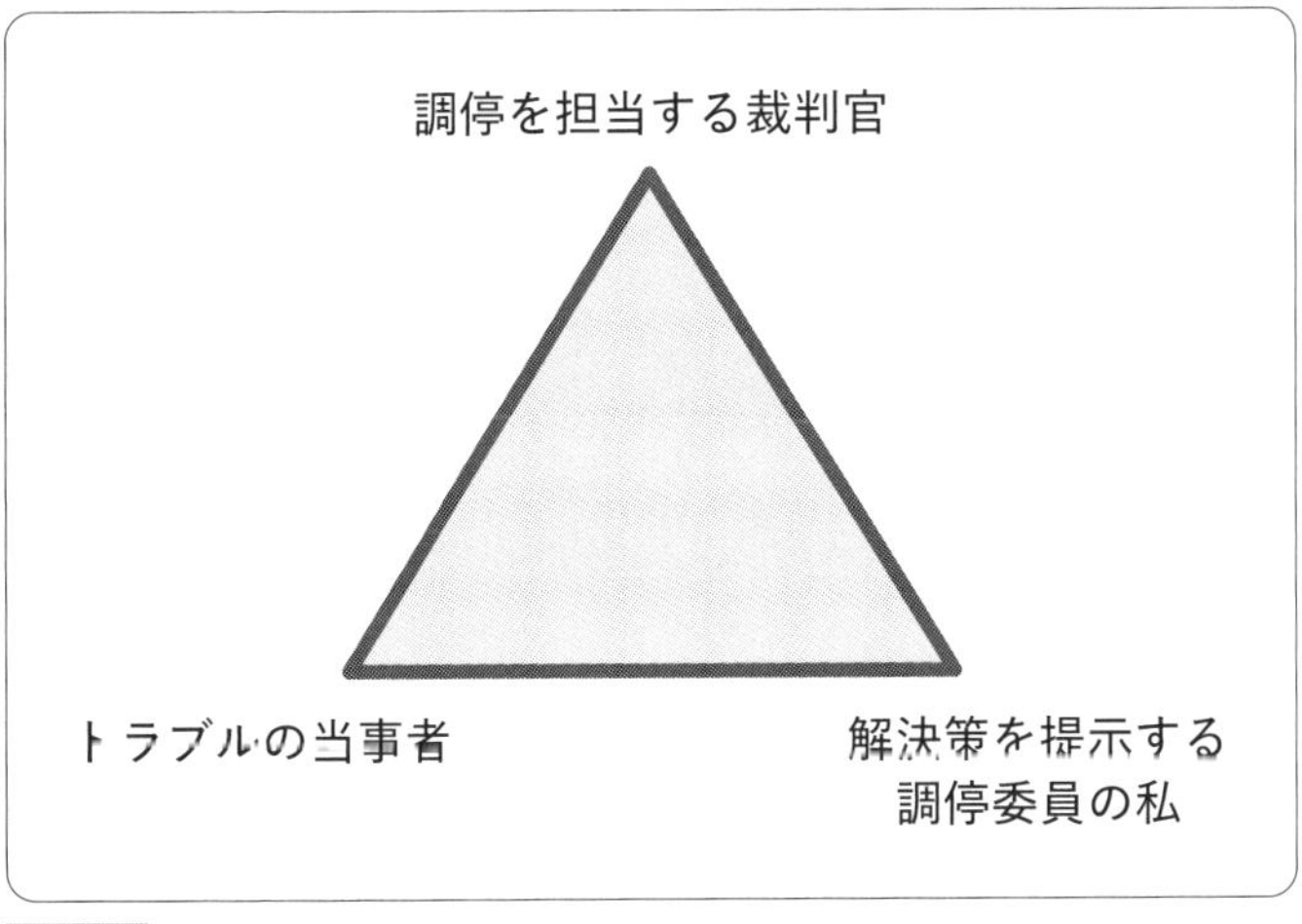

9図

に余り介入する事を避け、当事者の主張を聞いた後はマイペースで解決案を早く提示し、多くの案件を処理しました。調停も上手くゆき、トラブルの当事者、そして弁護士からも感謝されもしました。

私の調停振りに裁判官や職員の人たちから、「調停のエース」と言われたりもした事もありましたが、その時の調停委員だった私の体験図が9図です。

特性は神から貰ったものだと位置づけると昇華する!?

20代で30に近い転職を繰り返し破天荒な人生を送った私ですが、その後は私はマイペースで行った司会や鑑定、そして調停等が上手くいくようにもなっていました。

その理由を私なりに分析してみますと、私は中学生の頃から原因と現象の二つは別物だと位置づけ、その一方で原因と結果を一本の線で結びつけて考えていました。

私は狭い運動場で混乱していたスポーツクラブの運営の解決策のため、担任の先生から司会を頼まれました。いま思うと担任の先生は、私の考えに賛同したので私に司会を頼んだ、と私は見立てています。

物事は原因が分かると解決策が分かるものです。中学生の私はこの二つを結び付けて運動場の解決を計った事で司会が上手くゆきました。

大人になるとこの二つに私は「社会、人の役に立とう」とする気持ちをプラスして仕事をした事から、早くマイペースで処理しても諸々の事が上手くいったと、私は見立てています。

だが、諸々の事が上手くいっても私は、当たり前の事をしただけだと言う感覚があって、いつも不思議な気持ちで仕事をしていました。私は50歳を過ぎた頃からこの上手くゆく理由は、私の才でなく、「神から貰った特性でないか」と秘かに思うようにもなっていました。

特性が私の才でなく神から貰ったものだと位置づけると、いま迄持ち続けていた不思議な感覚が消え、私は原理や本質から考える演繹思考を応用するようになっていました。

演繹思考で対処するようになると、私がいま迄持ち続けていた「原因が分かる、解決策が分かる」の私の特性に普遍性が加わり、私の特性は「原理や本質が分かる」へとより深化し、特性が昇華するようになりました。

次稿で私の思考法に演繹思考が加わり、特性が昇華する様を具体的に話してみたいと思います。

私は論文を書く事で自分の特性を確信した

50歳を過ぎた私は、鑑定士業の傍ら、論文を書くようにもなっていました。論文の内容は「日本経済と不動産鑑定」を中心としたものでしたが、気儘に書いていた論文も上手くゆき、公益法人や銀行そして専門誌等が発行する雑誌に掲載されたりもしていました。県内の経済誌では、私の特設コーナーを長年設けてくれた会社もありました。

その最中に最高裁の出版局に提出した「調停の目的と価格の均衡論」としたタイトルの小論文があります。

日本の調停は訴訟でなく、裁判官と調停委員、そしてトラブルの当事者の三者が話し合いで解決を目指し、世界でも類例のない日本独自の裁判制度になっています。一方、価格の均衡論は、経済学の祖アダム・スミスが『国富論』の中で書いている「価格の均衡論」を私なりに仮説化し、二つを纏めて論文にしたものです。

アダム・スミスの価格の均衡論の骨子は「市場で需要と供給、そして生産の三つが正しいルールで作用して価格が決定されれば資源の無駄がなく、それが健全な資本主義経済の形成に資するようになる」とする内容です。

私の論文は、堅い日本の調停と欲動の渦巻く株式市場をドッキングさせた事から意外性のある内容になっていましたが、運よく事が運び、調停時報（2012年3月号）の「視点、観点」というコーナーに掲載されました。

このコーナーは高裁の判事が主に執筆をしており、そこに私の論文が掲載された事で地裁の裁判官や職員の人たちが「驚き」私も嬉しさより驚いた事をよく覚えています。

論文は単なる知識の詰め合わせでは百科事典みたいなものでラチが明きません。論文を書くコツは「演繹思考に基づいて本質に近い仮説を打ち立てて、法則性、方向性のある内容の文章にする事」に尽きます。

人は考えている事を話したり、文章にすると、自分の考えが纏まり、考えを明白化する事が出来るようになる処があります。

私は論文を書く事で演繹思考を味方にする事が出来るようになりました。そして私の特性だった「原因が分かり、解決策が分かる」に普遍性が加わるようになり、私の特性は「見えない原理や本質が分かる」へと深化、昇華する事が出来るようになりました。

下記の10図は、最高裁の出版局に論文を提出した時の私です。論文の内容は日本の調停とアダム・スミスの価格の均衡論の本質を私なりに推論、仮説化し、二つをドッキングさせたものです。

私は論文を書く事でいま迄秘かに思っていた私の特性「原因が分かり、対応策が分かる」が「見えない原理や本質が分かり、それを仮説化して法則性のある解決策を打ち立てる事が出来る」へと深化、昇華させる事が出来るようになりました。

だが、普遍性があり、あらゆるものの基礎となる原理は、人の目に見えるものではありません。それ故私の「見えない原理が分かる」という主張を突き詰めてみると、私が分かったと確信した原理も「仮説」という事になります。

原理を含め全てのものが仮説であるとすれば、色々な仕事がマイペースで処理する事が可能となります。論文も自在に描けるようになるものです。

私がマイペースで仕事を行っても諸々

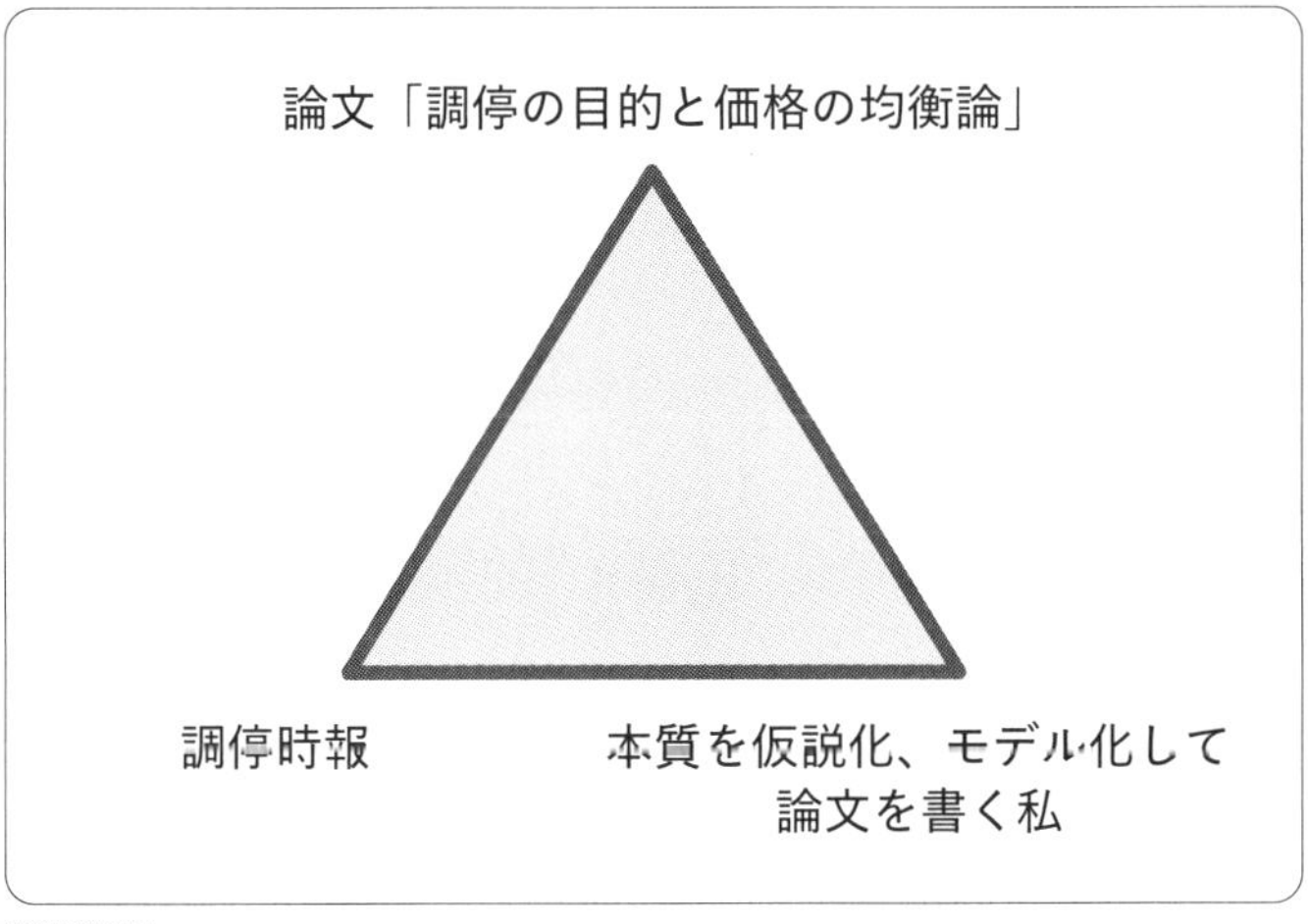

10図

の事が上手くいった理由は、私が全てを「仮説」だと位置づけて仕事をした結果だと、言う事になります。

藤井聡太さんは特性を活かしてタイトルを獲得している!?

見えない暗黙知の神から貰ったとする私の特性論を理解するため私の体験を三角形の作図にして説明しました。誰もが持っている筈の特性ですが、特性が内性的な処がある事から特性を掴むのは難しい処があります。その難しい特性を若くして掴み、力を発揮している例を将棋界の藤井さんの活躍に例えて、話してみたいと思います。

最近のマスコミで将棋界の藤井聡太さんが登場し、話題を賑わせています。藤井さんは20歳になったばかりの青年ですが、10代で7つのタイトルを獲得し、将棋界の天才、果ては魔物だと、言う人もいます。

世間で藤井さんの才の源を「藤井さんは定跡を究め、更にＡＩを研究し、二つを駆使して将棋をしている」と言う人さえいます。藤井さんの才が定跡から得たものならば、将棋界には多くの先輩棋士の方が居ます。定跡では若い藤井さんは、先輩棋士に適う訳がありません。

藤井さんの才がＡＩから得たものだとすれば、将棋界はＡＩの技術者が多数集まって競う集団となる筈ですが、実態はそのような雰囲気になってもいません。

私は藤井さんの才は、過去の定跡やＡＩから得たものでなく、神から貰った特性、分かり易く言えば、藤井さんは「神から貰った分かる将棋で力を発揮している」と見立てています。

藤井さんが神から貰った分かる特性の意味を入り込んで説明しますと「藤井さんは神から貰った特性を自分なりに仮説化して将棋を自在に指している」となります。

藤井さんが特性を活かして将棋に勝っているとする私の見立ての根拠は、藤井さんの謙虚な将棋振りを見ての感想です。藤井さんは対局中だけでなく、プライベートな時にも謙虚な笑顔で諸々の事に対応をしている観があります。

度々言っていますが、謙虚な生き方は川が他の川と合流して海面に流れるように「また分かる」に繋がります。藤井さんは、神から貰った分かる特性を謙虚になって活かして、多くのタイトルを獲得していると、見立てています。

だが、藤井さんが特性を自分の才だと思えば、残念乍ら獲得した多くのタイトルを失う事になると私は見立てています。

話が逸れますが、これからの社会は人工知能のＡＩが発達し、私たちは諸々の面でその恩恵を受けています。他方でＡＩは過去の知識が集約された側面がある事から厄介な代物になる事も予測されます。

行き過ぎたＡＩの対応策として、世間では人間の英知での対応を説く人もいます。

私は藤井さんの勝つ将棋を活かした特性、即ち、神から貰った特性を活かしてＡＩに対応するのも一つの有力な手立てになると、見立てています。

おわりに

いよいよ最後の締めとなります。そこで最近の状況に私の特性を絡めて話し、本書の締めにしてみたいと思います。

私は30代になって不動産鑑定士業をスタートさせ、それ以降は諸々の事が上手くゆく環境になっていました。だが、一方で上手くいくのは私の才でなく、これは「神から貰った特性ではないか」と、秘かに思い乍ら仕事をしていました。

私が50歳になった頃の日本社会は、まだ土地開発ブームが続いていました。だが、1991年にバブル崩壊が起こり、その後にアメリカでリーマンショックが起こり、日本経済は大きな転換を迎える状況になっていました。

私は日本が新しい時代に転換すると予見し、60代に入ると公共事業の大型案件の処理を優先するように心掛け、一方で株式投資を行うようにしていました。

鑑定の後始末が無事に終了し、株式投資も順調にいっていた事から、68歳になって株式投資を専門とする「三位一体」という会社を立ち上げました。

三位一体という社名は、キリスト教の三位一体説をヒントにしていますが、私はキリスト教の信者ではありません。だが、三位一体は、経済の基本構図である生産と消費、そして分配が上手く作動するイメージがあり、リズム感もある事から社名にしました。

株式投資は、情報の多い東京が有利で、地方は不利だとする風潮がありますが、いまは情報化時代です。私は東京が有利だとする見方に囚われず、日本経済は長期不況に陥っていてもファンダメンタル（経済の基本的条件）がしっかりしていると見立て、地方に居て投資会社を設立する事を決めました。

株価は日々、刻々と変化するものですが、私たちはメディア等でそれを察知して対応する事が出来ます。だが、3年や5年、10年先の株価予測をする事は難しいものです。

私はその対応として欧米人が得意とする演繹思考を応用して株式投資を行って

います。

演繹思考は一般的、普遍的前提から出発して答えを推論する法だとされています。この演繹思考を別の言い方をすると「本質に近い仮説を打ち立てそれを社会現象に入れ込み、法則性のある答えを出す法」だとも言われています。

私は演繹思考を応用し、日本は世界経済の中で主要な一国だと位置づけ「これから世界経済に役立つ投資信託と日本企業の株は値上がりをする」と仮説を立てて投資を行っています。

私たち日本人は物事を仮説化し考える事は頼りない生き方に映るものです。中でも金額が張る株式投資を仮説化して行う事は「どうかな?」と、人は思うものです。逆に私は、欲動が渦巻く株式市場は演繹思考を応用し、仮説で対応する事が最適な手法で、且つモデルになると、見立てています。

演繹思考に基づく投資も御蔭で上手くゆき、銀行や証券会社の人たちから「地方の然も個人でこれだけの株式長者は極めてマレだ」と言われるようになっています。

投資が順調に行っている理由は、私の才でなく神から貰った「特性」を活かして先を読み仕事をしたからに外なりません。80歳を過ぎた私ですが、これからも自分の特性を活かしてマイペースで社会、人のためになる投資を続けたいと考えています。

日本には「十人十色」という諺があります。人はそれぞれ自分に合った生き方をしていますが、一方で「自分らしく生きてもさして人と変わらぬ人生になっている」と思っている人も多いと思います。

私の経験から言わせてもらうと、他人に迷惑を掛けず自分らしく生きている人は、既に特性を掴んでいる、或いは特性を掴んだ初端の状態に居ると思います。

私が主張する特性が見えない神から貰ったものだとする考えは、難しい処がありますｏだが、人は特性を自分の才でなく、神から貰ったものだと認識する事が出来るようになると気持ちが楽になり、マイペースで仕事もする事が出来るようになります。

十人十色、人はそれぞれ自分の生き方をして生きています。人に迷惑を掛けず自分なりに生きている人は、既に自分の特性を掴んでいます。後は神の「実存説」を受け入れて神を味方にして生きれば、その人のパワーになり、マイペースで仕事をしても人々から受け入れられ、充実した人生になります。

本書を読まれた方が神の実存説を採り入れ、応用して、豊かで安心した気持ちになってこの世を生きる事を祈念いたします。

〈著者紹介〉

墨崎正人（すみさき まさと）

1941年山口県下関市生まれ。大学卒業後、アフリカ沖での洋上船勤務を含めて30社近くの転職を行った後不動産鑑定士試験に合格。1978年不動産鑑定士業を開業。

その後山口地方裁判所鑑定、民事調停委員を35年から30年程度歴任。山口地方裁判周南調停協会会長、（一般社団法人）山口県補償研究協会理事長に就任。2010年株式投資を目的とした（株）三位一体を設立。

「調停の成立と価格の均衡論」（調停時報2012年3月号）や「正常価格を論考する」（不動産鑑定2009年9月号）他論文多数。著書に「幸福と日本文化のミスマッチ　すべての悩める現代人へ贈る、新しい幸せのセオリー」や「マジックナンバー3」「特性を活かして生きる」（幻冬舎メディアコンサルティング刊）がある。

仮説社会《かせつしゃかい》の欧米《おうべい》、枠社会《わくしゃかい》の日本《にほん》

2024年11月29日　第1刷発行

著　者　　　墨崎正人
発行人　　　久保田貴幸

発行元　　　株式会社 幻冬舎メディアコンサルティング
〒151-0051　東京都渋谷区千駄ヶ谷4-9-7
電話　03-5411-6440（編集）

発売元　　　株式会社 幻冬舎
〒151-0051　東京都渋谷区千駄ヶ谷4-9-7
電話　03-5411-6222（営業）

印刷・製本　中央精版印刷株式会社
装　丁　　　弓田和則

検印廃止

Printed in Japan
ISBN 978-4-344-94936-2 C0095
幻冬舎メディアコンサルティングＨＰ
https://www.gentosha-mc.com/